दवाएँ और हम

डॉ. यतीश अग्रवाल
रेखा अग्रवाल

राजकमल प्रकाशन

पहला संस्करण : 2004
चौथा संस्करण : 2019

ISBN: 978-81-267-0955-7

सलाहकार
प्रोफेसर (डॉ.) वाई. के. गुप्ता, निदेशक
इंडियन टॉक्सीकोलिजिकल रिसर्च सेंटर, लखनऊ

कलापक्ष : आकांक्षा
चित्र संयोजन : अभिमन्यु सिन्हा

राजकमल प्रकाशन प्राइवेट लिमिटिड
1-बी, नेताजी सुभाष मार्ग, दरियागंज
नई दिल्ली-110 002
द्वारा प्रकाशित
शाखाएँ : अशोक राजपथ, साइंस कॉलेज के सामने, पटना-800 006
पहली मंजिल, दरबारी बिल्डिंग, महात्मा गांधी मार्ग, इलाहाबाद-211 001
36 ए, शेक्सपियर सरणी, कोलकाता-700 017
वेबसाइट : www.rajkamalprakashan.com
ई-मेल : info@rajkamalprakashan.com

Dawain aur Hum

By Dr. Yatish Agarwal & Rekha Agarwal
E-mail : dryatish@yahoo.com

मूल्य ₹75

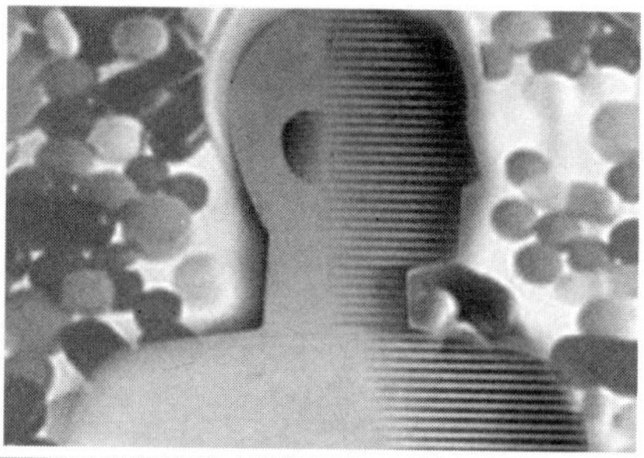

अनुक्रम

दवाएँ और जीवन

कोई भी ऐसा पदार्थ जो शारीरिक या मानसिक स्वास्थ्य को सुधारने में सक्षम हो, शरीर या मन की आंतरिक क्रिया में परिवर्तन ला सके, उनमें उपजे लक्षणों से राहत दिला सके, विकार शांत कर सके, उसे दवा का दर्जा देना वाजिब है। लेकिन सभी दवाएँ, चाहे वह साधारण सर्दी-जुकाम की गोली ही क्यों न हो, जहाँ हमारे कष्ट दूर करती हैं, वहीं हमारे ऊपर कुछ अप्रिय प्रभाव भी दिखा सकती हैं। दवा के गुणों का पूरा लाभ पाने और उसके अवांछित इतर-प्रभावों से बचे रहने के लिए कुछ छोटी-छोटी बातें जानना और जीवन में उतारना जरूरी है।

दवा लेने की इच्छा संभवतः वह अकेला सबसे बड़ा गुण है
जो मनुष्य को दूसरे जीव-जंतुओं से अलग बनाता है।

सर विलियम ओसलर
लाइफ ऑफ सर विलियम ओसलर

दवाओं की दुनिया बहुत पुरानी है। धरती पर उस समय सभ्यता का सूरज खिला भी न था कि आदमी ने अपने दुख-दर्द मिटाने के लिए जड़ी-बूटियों, पेड़-पौधों पर उगनेवाले फूलों, फलों और पत्तियों, दरख्तों की छाल और प्रकृति में अपने से होते मादक पदार्थों का प्रयोग शुरू कर दिया था। अफीम, धतूरा, सिनकोना, बाकुची के बीज, ब्राह्मी, अश्वगंधा, शतावरी, मा हुयांग, त्रिफला, अरण्डी, ड्रायोप्टेरिस फिलिक्स, इपीकेकयूआन्हा, आर्टेमेसिया, कोका और दर्जनों दूसरे प्राकृतिक पदार्थ सदियों से परंपरागत चिकित्सा के अंग बने रहे हैं। ऋग्वेद की प्राचीन ऋचाओं में 67 औषधियों का विवरण मिलता है। चीन के मनीषी सम्राट शैन नूंग ने भी ईसा से 2,735 वर्ष पूर्व एक अनूठे औषधि-ग्रंथ की रचना की जिसमें उस समय की सभी वनस्पति औषधियों के गुणों का वर्णन है। मिस्र, सुमेरिया, यूनान, दक्षिण अमेरिका, या कहें, दुनिया में जहाँ-जहाँ मानव समाज की स्थापना हुई, हमारे पूर्वज अनुभव से सीख लेते गए। समय के साथ उन्होंने खनिज धातुओं और रासायनिक तत्त्वों के भीतर छिपे औषधीय गुणों के बारे में भी जानकारी प्राप्त की।

विकास के प्रगति पथ पर

प्रथम दवाएँ अनुभव की देन थीं। लेकिन जैसे-जैसे वैज्ञानिक प्रगति हुई, शरीर-क्रिया विज्ञान के रहस्य खुले, बहुत से विकारों की सच्चाई भी खुलती गई। शरीर की किस जैविक क्रिया में परिवर्तन लाकर किस रोग को जीता जा सकता है, इस मूल सिद्धांत के आधार पर नई से नई दवाएँ खोजी जाने लगीं। औषध के रूप में प्रयोग की जानेवाली वनस्पतियों में से सक्रिय जैविक तत्त्व अलग कर लिये गए। प्रयोगशालाओं में नए अणुओं की रचना भी हुई। संक्रामक रोगों की रोकथाम के लिए बचावकारी टीके विकसित हुए और संक्रमण पर नियंत्रण पाने के लिए प्रभावशाली ऐंटिबायोटिक दवाएँ बनीं।

दवाओं और रोग बचावकारी टीकों के विकास की यह प्रगति-यात्रा सचमुच अनंत है। दुनिया की बहुत सी प्रयोगशालाओं में अनेक वैज्ञानिक इस पुण्य कार्य में जुटे हुए हैं। हर वर्ष हजारों नए अणु अपने विशिष्ट औषधीय गुणों के लिए शोध से गुजरते हैं।

उनमें से कुछ ही अणु सभी कसौटियों पर खरे उतरते हैं और दवा के रूप में हमारे बीच पहुँचते हैं। दवा-निर्माता हर साल अरबों रुपया इस शोध कार्य पर खर्च करते हैं और बाद में नई दवाओं से लाभ कमाकर उसकी पूर्ति करते हैं। यह सच है कि उनकी मूल प्रेरणा आर्थिक लाभ प्राप्त करना है, लेकिन उनका यह ध्येय भी तभी पूरा हो पाता है जब उनकी बनायी दवाएँ हमारे लिए उपयोगी साबित होती हैं।

कुछ लोग दवाओं के सख्त विरोधी होते हैं। कहते हैं कि दवा लेने से शरीर बिगड़ जाता है, दवा की आदत पड़ जाती है। पर अगले ही पल उनकी जुबान पर तरह-तरह के घरेलू नुस्खे होते हैं। कुछ लोग परंपरागत चिकित्सा के नाम पर तरह-तरह की उलट-पुलट दवाएँ शीशियों में भरकर बेचते हैं। सच्चाई यह है कि इनमें से कोई भी पदार्थ शरीर का नुकसान कर सकता है। सीधा नहीं भी तो उसे लेने से मन में जो भ्रम की स्थिति बन जाती है कि उससे आराम होगा, उसके चलते कई बार रोग भीतर ही भीतर बढ़ जाता है और फिर हाथ नहीं आता।

यह सही है कि कोई भी दवा पूरी तरह सुरक्षित नहीं होती। वह लाभ करती है, तो कभी कुछ अप्रिय और कभी अनिष्टकारी इतर-प्रभाव भी दिखा सकती है। ऐसे इतर-प्रभाव सिर्फ आधुनिक दवाओं के साथ ही नहीं, जड़ी-बूटियों और साधारण मालूम देनेवाले पदार्थों के साथ भी देखे जाते हैं। बड़ा फर्क यह है कि आधुनिक दवाओं के अनिष्टकारी प्रभाव का गहनता से अध्ययन किया जाता है, पर जड़ी-बूटियों और दूसरे जैविक पदार्थों के संबंध में हम प्रायः अंधकार में रहते हैं। जब तक उनकी सच्चाई का पता चलता है, कभी-कभी पानी सिर के ऊपर जा चुका होता है।

यह ठीक है कि कोई भी दवा जब तक जरूरी न हो, नहीं ही लेनी चाहिए। लेकिन जरूरत होने पर भी दवा से बचते फिरना वाजिब नहीं। जब भी कोई दवा लें, उसे लेने से संबंधित छोटे-छोटे नियमों पर अवश्य ध्यान दें। इसी से दवा का पूरा लाभ मिल पाता है और उसके अवांछित इतर-प्रभावों से हम बचे रह सकते हैं।

दवाओं का सही प्रयोग

कोई भी दवा शुरू करने से पहले कुछ सामान्य बातें जान लेना जरूरी है। दवा किस मात्रा में और कब-कब लेनी है ? उसे कैसे लेना है : खाली पेट या कुछ खाने के बाद ? उसे लेते समय क्या-क्या सावधानियाँ बरतनी हैं : उसे लेने के बाद क्या गाड़ी चलाना उचित होगा? क्या उसे दूध या चाय-कॉफी के साथ लिया जा सकता है? दवा लेने में भूल हो जाए तो क्या करना होगा?

जब डॉक्टर के पास जाएँ, तो उसके दवा लिखने से पहले कुछ जानकारियाँ उसे देना जरूरी होता है। मसलन, उससे परामर्श लेने से पहले उस रोग के लिए आप क्या-क्या दवा ले चुके हैं। किसी दवा से पहले कभी कोई अप्रिय प्रभाव देखने में आया हो तो उसका उल्लेख अवश्य कर दें। स्त्री गर्भ से हो या गर्भवती होने की बात सोच

रही हो तो इस बारे में भी डॉक्टर को जरूर बता दें। बहुत सी दवाएँ गर्भ पर बुरा असर डाल सकती हैं। किसी भी दवा के साथ मन-मरजी करना, लापरवाही बरतना खतरे से खाली नहीं। कभी-कभी छोटी सी भूल से ही लेने के देने पड़ जाते हैं। इतना गंभीर असर होता है कि जान भी जा सकती है।

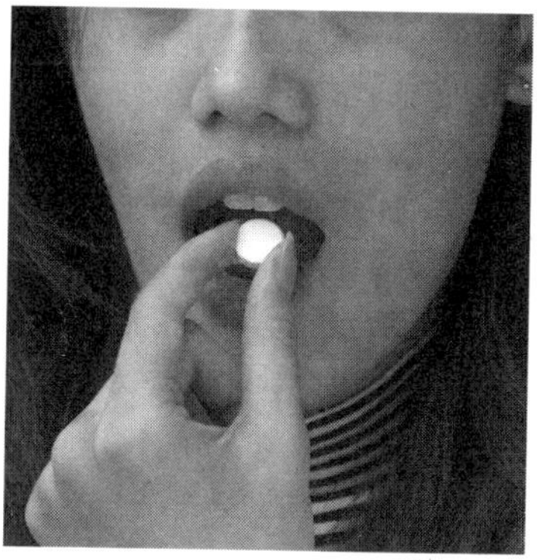

दवा सदा सही मात्रा में ही लें

दवा उतनी ही लें जितनी उसकी डोज है। कुछ लोग यह सोचते हैं कि हरेक डॉक्टर अधिक दवा लिखता है, उसकी आधी खुराक लेना ही काफी है। यह व्यवहार उचित नहीं है। आधी या अधूरी दवा लेना कभी ठीक नहीं होता, उससे हमारा नुकसान हो सकता है। यह सत्य ऐंटिबायोटिक दवाओं पर विशेष रूप से लागू होता है। दवा शुरू करने से जो आराम आना शुरू होता है, वह दवा की मात्रा में ढील बरतने से काफूर हो जाता है।

दवा सदा समय से लें

प्रत्येक दवा शरीर में कुछ ही घंटों के लिए सक्रिय रहती है। स्वाभाविक है कि उसका असर भी उतने ही घंटों तक रह पाता है। इसी आधार पर दवा की डोज तय की जाती है। जो दवा छह घंटे काम करती है, उसे दिन में चार बार; जो आठ घंटे काम करती है, उसे तीन बार; जो बारह घंटे काम करती है, उसे दो बार; और जो चौबीस घंटे काम करती है, उसे एक बार लेना युक्तियुक्त होता है।

और हाँ, अगर आप का डॉक्टर किसी दवा को दिन में तीन बार लेने के लिए कहे, तो उस दवा को आठ-आठ घंटे पर ही लें। यह नहीं कि एक गोली सुबह लेने के बाद, दूसरी दिन में किसी भी समय और तीसरी शाम के वक्त ले लें। इससे शाम और अगले दिन की सुबह की खुराक में अनावश्यक ही बारह-चौदह घंटों का अंतर आ जाएगा। उचित होगा कि पहली गोली छह बजे सुबह, दूसरी दोपहर दो बजे और तीसरी रात दस बजे लें।

दवा लेने की सही विधि

दवा लेते समय जल्दबाजी बिल्कुल न करें। पूरा गिलास भरकर पानी लें और उसके साथ दवा लें। ताकि दवा आसानी से निगलने में आ जाए, गले में ही न अटक जाए।

दवा घोल या शरबत के रूप में हो तो पहले बोतल को अच्छी तरह हिला लें जिससे कि दवा घोल में ठीक से मिल सके। दवा की मात्रा हमेशा ठीक से नापें और फिर ही उसे लें।

आराम आते ही दवा बंद न करें

दवा का कोर्स कभी बीच में न छोड़ें। कुछ लोग आराम आते ही दवा बंद कर देते हैं। यह उचित नहीं, इससे रोग पुनः उग्र हो सकता है। आराम आ जाए और दवा बंद करना चाहें, तो पहले डॉक्टर से अवश्य पूछ लें।

इतर-प्रभाव होने पर डॉक्टर से संपर्क करें

दवा के कारण कोई भी अप्रिय या अनिष्टकारी प्रभाव होने पर तुरंत अपने डॉक्टर से सलाह लें। कुछ इतर-प्रभाव मात्र अप्रिय होते हैं, उनके होने से असुविधा होती है लेकिन जीवन पर कोई आँच नहीं आती। कभी-कभी गंभीर इतर-प्रभाव भी हो जाते हैं : साँस नहीं लिया जाता, रक्तचाप अचानक घट जाता है और जीवन की लौ बुझने लगती है। इस स्थिति में तात्कालिक तौर पर डॉक्टर की जरूरत होती है। एक-एक क्षण बेशकीमती होता है।

दवाओं को हमेशा सुरक्षित स्थान पर रखें

दवा की बोतल, कैप्सूल और गोलियाँ हमेशा सही तापमान और शुष्क स्थान पर सँभाल कर रखें। कुछ दवाएँ सूर्य की रोशनी, नमी वाले या अधिक गरम स्थान पर रखने से अपनी क्षमता गँवा देती हैं। कुछ का प्रभाव हवा लगने से कमजोर हो जाता है। कुछ दवाओं को रेफरीजरेटर में भी रखना पड़ता है। घर में बच्चे हों तो इस बात का विशेष ध्यान रखें कि दवाएँ उनकी पहुँच से बाहर रहें। ऐसा न हो कि दवा उनके हाथ पड़ जाए और कोई अप्रिय घटना हो जाए।

नकली दवाओं से बचें

बाजार में नकली दवाएँ भी धड़ल्ले से बिकती हैं। उनसे बचने के लिए कुछ सावधानियाँ व्यवहार में लाएँ : दवा हमेशा किसी अधिकृत केमिस्ट से खरीदें, उसकी रसीद जरूर लें और उसे खरीदने से पहले यह देख लें कि दवा किस कंपनी का उत्पाद है। बड़ी दवा कंपनियां अधिक मुनाफा तो लेती हैं लेकिन उनके उत्पाद प्रायः विश्वसनीय होते हैं।

दवा की बोतल या डिब्बी न बदलें

कभी-कभी क्षणिक सुविधा के लिए हम कोई दवा बोतल या डिब्बी से निकालकर अलग किसी चीज में रख देते हैं। इससे आगे भूल होने की संभावना रहती है। दवा

की बोतल या डिब्बी बदलनी ही पड़े तो उस पर बड़े-बड़े अक्षरों में दवा का सही नाम लिख दें। इससे आगे गलती नहीं होगी।

दवाओं का ढेर न लगाएँ

जैसे ही किसी दवा की एक्सपायरी तारीख निकले, उसे फेंक दें। घर पर दवाओं का जख़ीरा न जोड़ें। अंतिम तिथि निकलने पर दवा का असर कमजोर हो जाता है। कुछ दवाएँ रासायनिक स्तर पर विघटित होकर हानिकारक भी हो जाती हैं।

अँधेरे में दवा कभी न लें

अँधेरे में दवा लेने से भूल हो सकती है। गलत दवा या भूल से कोई दूसरा द्रव पी लेने से जीवन जा सकता है। यह अनहोनी बहुतों के साथ हुई है। अस्पताल इमरजेंसी में ऐसे अनेक मरीज आते हैं जिन्होंने दवा के बजाय क्षार या कोई दूसरा हानिकारक रसायन पी लिया होता है।

दवाओं के अवांछित इतर-प्रभाव

प्रत्येक दवा अपने सद्‌गुणों के कारण हमें लाभ पहुँचाती है। किंतु कभी-कभी किसी एक या अधिक दवा से किसी व्यक्ति के ऊपर कुछ अनिष्टकारी प्रभाव भी देखे जा सकते हैं। किसी भी दवा से अवांछित इतर-प्रभाव क्यों प्रकट होते हैं, इसके कई कारण हो सकते हैं। सभी दवाएँ समूचे शरीर पर असर डालती हैं। उनका प्रभाव किसी अंग पर हितकर होता है, किसी पर अवांछित। उदाहरण के लिए सर्दी-जुकाम में दी जानेवाली डीकन्जस्टेंट दवाओं को ही लें। नाक से पानी गिरना बंद करने के साथ-साथ वह इतनी सुस्ती उत्पन्न कर देती हैं कि कुछ करते नहीं बनता।

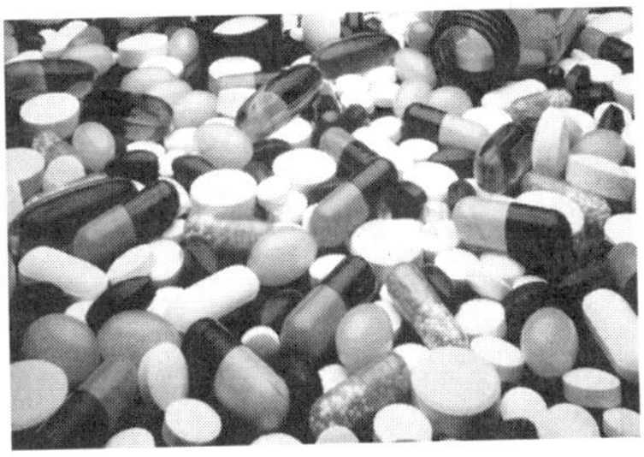

कुछ दवाएँ किसी व्यक्ति विशेष को ही माफिक नहीं आतीं। उसका शरीर दवा के प्रति संवेदनशील होता है और दवा के शरीर में घुसते ही प्रतिक्रिया कर बैठता है। यह अतिग्राहिता जेनेटिक कारणों से भी प्रेरित हो सकती है। शरीर में किसी विशिष्ट एंजाइम की कमी भी किसी दवा के अवांछित इतर-प्रभाव का कारण बन सकती है। उदाहरण के लिए उत्तरी भारत में पाई जानेवाली जेनेटिक जी-6 पीडी एंजाइम की कमी मलेरिया-रोधी दवा प्राइमाक्वीन लेने पर विकट परिस्थिति उत्पन्न कर देती है। लाल रक्त-कणिकाएँ टूटती जाती हैं।

किसी दवा से कभी कोई समस्या हो तो उसका नाम अपनी डायरी में दर्ज करके रख लेना अनिवार्य है। लापरवाही बरतने से आगे गंभीर परिणाम भुगतने पड़ सकते हैं।

जीवन की विशेष स्थितियाँ और दवाएँ

हर व्यक्ति में दवा का अलग प्रभाव होता है। यह अंतर इस कारण होता है कि हम सभी का शरीर अपने ढंग से किसी दवा को जज्ब करता है, अपने ढंग से उसका चयापचय करता है और अपने अलग ढंग से उसका प्रयोग करता है। हमारा वजन कितना है, हमारा यकृत और हमारे गुर्दे किस हाल में हैं, इन सभी का दवा से मिलने वाले लाभ और अवांछित इतर-प्रभावों से सीधा संबंध होता है। जिन लोगों के गुर्दे या यकृत ठीक से काम नहीं करते, उनके लिए डॉक्टर दवा और दवा की मात्रा अलग से चुनते हैं।

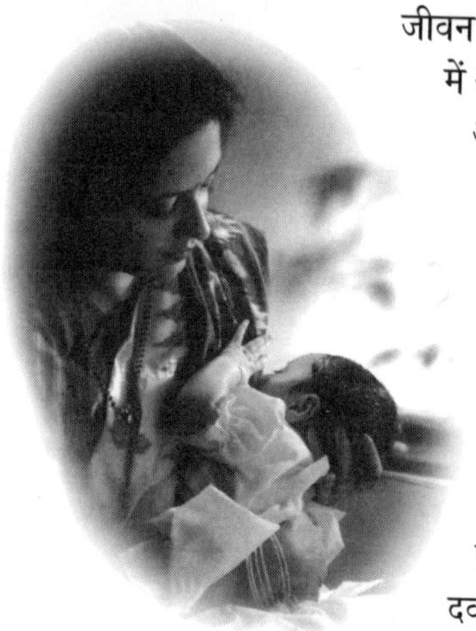

जीवन के महापर्व में जब स्त्री माँ बनती है और गोद में अपने लहू से रची गुड्डी या गुड्डे को खिलाती-पिलाती और बड़ा करती है, उस समय उसे दवाओं के बारे में विशेष रूप से सजग होना पड़ता है। बहुत सी दवाएँ आँवल से गर्भस्थ शिशु के शरीर में पहुँच जाती हैं। इसी प्रकार माँ के दूध से भी बच्चे के शरीर में कई दवाएँ पहुँच सकती हैं। इनमें से बहुत सी दवाएँ बच्चे के लिए हानिकारक साबित हो सकती हैं। गर्भावस्था के प्रथम 16 हफ्ते इस दृष्टि से सबसे नाजुक होते हैं। ऐसे समय में कोई भी दवा लेने से पहले डॉक्टर से उसके सुरक्षित होने के संबंध में अवश्य पूछ लेना चाहिए।

बुजुर्ग लोगों को भी दवाओं के बारे में अतिरिक्त सावधानी बरतनी चाहिए। कोई अंग अस्वस्थ हो तो उसके बारे में डॉक्टर को सावधान करना उनके लिए अनिवार्य है। कभी-कभी एक से अधिक डॉक्टर को भी अलग-अलग समस्याओं के लिए दिखाना पड़ता है। ऐसे में यह सावधानी जरूरी होती है कि कोई ऐसी दवा न लिख दी जाए जो दूसरे डॉक्टर द्वारा लिखी गई किसी दवा से प्रतिक्रिया कर जाए।

अपने से दवा लेने के खतरे

बहुत से लोग बीमार पड़ने पर डॉक्टर के पास जाने के बजाय अपने से ही दवा शुरू कर देते हैं। कुछ तो यह सीमा भी लाँघ जाते हैं। सोचे-समझे बगैर भलमनसाहत में अपने प्रियजनों, मित्रों और पड़ोसियों को भी यह सलाह दे आते हैं कि फलाँ दवा ले लें। कुछ भले लोग अपनी बची-खुची दवाएँ भी दूसरों को देने से नहीं हिचकिचाते। ये सभी स्थितियाँ खतरे से खाली नहीं। इसमें गलती हो सकती है। किसी भी रोग को समझने के लिए उसका अध्ययन और उससे संबंधित व्यावहारिक ज्ञान होना अनिवार्य है।

लाक्षणिक आधार पर दवा करने से कभी-कभी काम तो चल जाता है किंतु उसमें भी यह समझ होना जरूरी है कि कब रोग ठीक हो रहा है और कब स्थिति बिगड़ रही है। अनेक रोगों में लक्षण एक जैसे ही दिखते हैं, उनकी सूक्ष्मता में जाएँ तभी भेद पता चलता है। डॉक्टर के पास इन सब चीजों का समुचित ज्ञान होता है, अनुभव होता है और अनिवार्य होने पर वह जाँच कराने का उपयुक्त निर्णय भी ले सकता है।

अपने से दवा करते रहने में एक बड़ा जोखिम यह भी है कि कभी-कभी रोग भीतर ही भीतर बहुत बढ़ जाता है। इतना कि फिर नियंत्रण में आने लायक नहीं रहता। उस समय पछतावे के अलावा कोई चारा नहीं बचता। यह जीवन इस प्रकार खो देना कहाँ तक उचित है, यह फैसला हम स्वयं कर सकते हैं।

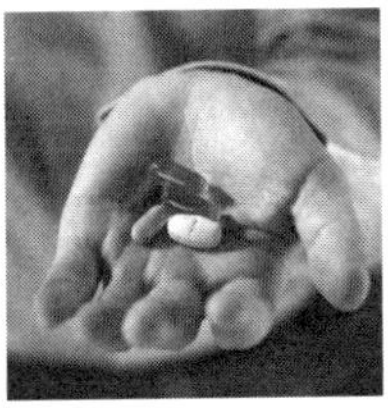

दवाएँ :
कब, कैसे, कितनी

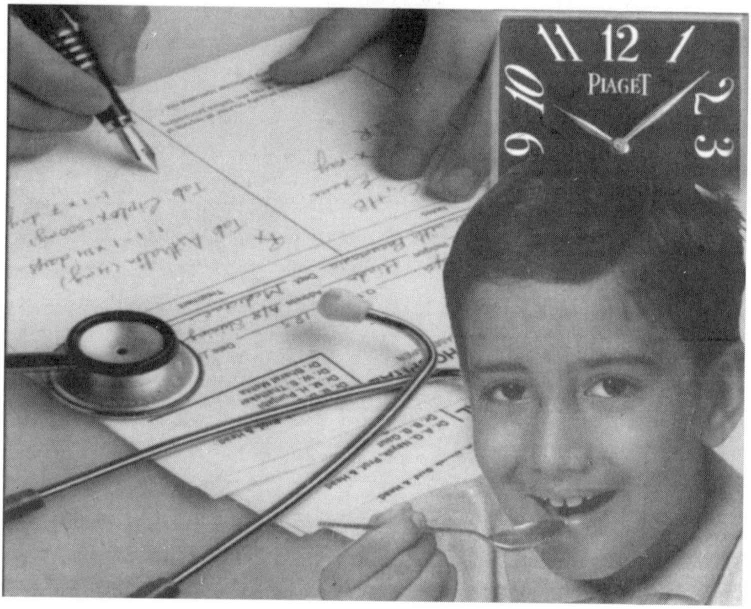

दवा के परचे में बहुत सी बातें साफ लिखी होती हैं। उन्हें समझने के लिए परचे में प्रयोग किए जानेवाले संकेतों की समझ होना जरूरी है। अधिकांश संकेत लेटिन से आए हैं, कुछ का उद्‌भव अंग्रेजी से हुआ है। उनके मायने समझ लें तो डॉक्टर का परचा और उसमें लिखे निर्देश अपने से खुल जाते हैं। यह भी स्पष्ट हो जाता है कि हर डॉक्टर किस भावना के साथ रोगी का उपचार लिखता है। समय के साथ यह विशिष्ट संकेत भले ही मात्र औपचारिकता रह गया हो, लेकिन डॉक्टर और रोगी का परस्पर संबंध इसी पवित्र सेतु में बँधा रहे तभी मानवता की जीत है। अध्याय के दूसरे भाग में कुछ प्रमुख दवाओं को लेने का सबसे उपयुक्त समय भी इंगित किया गया है।

ईश्वर ने धरती से ही दवाओं की रचना की है : और जो विवेकशील होता है वह उनका कभी तिरस्कार नहीं करता। क्या दरख्तों से पानी मीठा नहीं बना, कि उसकी विशालता का बोध हो सके ?

इकलिजियआस्टिकस 38: 4-5

डॉक्टरी परचे के संकेत

दवा का परचा लिखते हुए डॉक्टर बहुत से संकेत और संक्षिप्तसार प्रयोग करते हैं। उनके बारे में जानकारी होना हर किसी के लिए उपयोगी है। इससे नुस्खे में दी गई जानकारियाँ जैसे कि दवा कब-कब, किस मात्रा में और कैसे लेनी है और उसे लेते हुए क्या सावधानियाँ बरतनी हैं, अपने से स्पष्ट हो जाती हैं।

संकेत	कैसे बना यह संकेत	उसका अर्थ
Δ	यह तिकोन *डायग्नोसिस* का संकेतक है	परचे के आरंभ में इस संकेत के साथ रोग का नाम दिया जाता है
℞	*आर* अंग्रेजी वर्णमाला के *रेसेपी* शब्द का प्रथम अक्षर है और उसके साथ जुड़ा चिह्न स्वास्थ्य देवता के नेत्र का प्रतीक है।	परचे के शुरू में डॉक्टर यह चिह्न पवित्र भावना और विनय भाव के साथ बनाता है। उसमें यह आवाह्न होता है कि–हे प्रभु, तुझे साक्षी रखते हुए मैं अपनी पूरी योग्यता के साथ यह दवा लिख रहा हूँ, मेरे रोगी की तू रक्षा करना।

दवा कब और कैसे लेनी है, इससे जुड़े संकेतक

संकेत	कैसे बना यह संकेत	उसका अर्थ
OD	लैटिन *ओमनी डाय* के प्रथम अक्षर	*ओमनी डाय* के मायने हैं दिन में एक बार
BD or BID	लैटिन *बिस इन डाय* का संक्षेपण	दिन में दो बार
TDS or TID	*टर इन डाय सूमेंडस* का संक्षेपण	दिन में तीन बार
QID or QDS	*काटेर इन डाय सूमेंडस* का संक्षेपण	दिन में चार बार

A/D	अल्टरनेट डे का संक्षिप्त	हर दूसरे दिन
hs	लैटिन *होरा सोमनी* का संक्षेपण	रात में सोने से पहले
PC	लैटिन *पोस्ट साइबम* का संक्षेपण	भोजन के बाद
BBF	बिफोर ब्रेकफास्ट का संक्षिप्त	नाश्ते से पहले
Stat	लैटिन *स्टेटिम* से	तुरंत; इसी समय
SOS	लैटिन *सीट ओपस सिट* का संक्षेपण	जैसे-जैसे जब-जब जरूरत पड़े

दवा का रूप इंगित करनेवाले संकेतक

संकेत	**उसका पूर्ण रूप**	**क्या है उसका अर्थ**
Tab	टैबलेट	गोली
Cap	कैप्सूल	कैप्सूल
Syp	सिरप	शरबत
Inj	इंजेक्शन	टीका
Oint	ऑइंटमेंट	मलहम
Applicap	एप्लीकेप	एप्लीकेप कैप्सूल की तरह होता है, जिसके अगले छोर पर चोंच होती है। इसे काटने पर भीतर से मलहम निकल आती है। उसे डॉक्टर के निर्देश के मुताबिक आँख (या घाव) में डाला जाता है।

दवाओं का विविध रूप

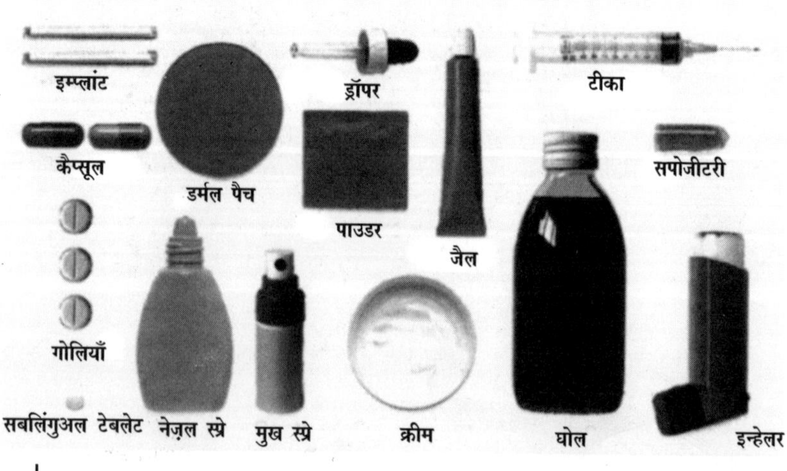

टीका शरीर के किस अंग में दिया जाना है, इसके संकेतक

संकेत	उसका पूर्ण रूप	क्या है उसका अर्थ
i.m.	इंट्रामस्कुलर	पेशी में दिया जानेवाला टीका
i.v.	इंट्राविनस	नस में लगनेवाला टीका
s.c.	सबक्यूटेनस	त्वचा के ठीक नीचे लगनेवाला टीका

कुछ मिले-जुले संकेतक

संकेत	उसका पूर्ण रूप	क्या है उसका अर्थ
S/L	सबलिंगुअल	दवा जीभ के नीचे रखकर ग्रहण करें।
Tsf	टी स्पून फुल	एक छोटा चम्मच (पाँच मिलीलीटर); पी जानेवाली दवा की मात्रा का संकेत करता है।
W/S	वार्म सेलाइन	गुनगुना पानी जिसमें थोड़ा-सा नमक मिला हो। गरारे या सेंक करने के लिए उपयुक्त।
S/R diet	साल्ट रिस्ट्रिक्टिड डायट	आहार में नमक सीमित मात्रा में लें।
NAD	नो एब्नॉर्मैलिटी डिटेक्टेड	जाँच में कोई कमी नहीं देखी गई।
QNS	क्वांटिटी नॉट सफीशिएंट	जाँच के लिए भेजे गए नमूने की मात्रा पर्याप्त नहीं पाई गई।

दवा लेने का सबसे उपयुक्त समय

हर दवा को लेने के अपने नियम हैं। कुछ दवाएँ भोजन से पहले लेने पर ही हमें ठीक से मिल पाती हैं, कुछ भोजन के साथ लेनी होती हैं, और कुछ भोजन के बाद ही ली जानी उचित हैं। यह निर्णय मूलतः दो बातों को ध्यान में रखकर लिया जाता है : एक, कि अधिक से अधिक दवा शरीर में जज्ब हो सके ताकि रोगी को उसका पूरा लाभ मिल पाए; और दो, कि रोगी को दवा लेने से कोई कष्ट न हो।

दवाएँ जिन्हें भोजन से एक घंटे पूर्व या भोजन के दो घंटे बाद लेना उचित है

ऐंटिबायोटिक दवाएँ

एलर्जी-रोधी दवा ऐस्टेमीजोल

तपेदिक-रोधी दवा रिफेम्पीसीन

पैनिसिलेमीन

दवाएँ जिन्हें भोजन से आधे घंटे पूर्व लेना उचित है

उबकाई रोकनेवाली दवाएँ

मेटोक्लोप्रमाइड
डोमपेरीडोन

अमाशय और आँतों की गति धीमी करनेवाली ऐंटिकोलीनर्जिक दवाएँ

प्रोपेन्थलिन ब्रोमाइड
क्लीन्डियम ब्रोमाइड
ऑक्सीफेनोनियम ब्रोमाइड
हयोसीन ब्यूटाइल ब्रोमाइड
आइसोप्रोपामाइड
डाइसाइक्लोमीन

दवाएँ जिन्हें भोजन के साथ लेना उचित है

ताकि पेट में जलन न हो या दवा ठीक से जज्ब हो जाए

एच-2 रेसेप्टर ब्लॉक करनेवाली दवाएँ (अल्सर-रोधी दवाएँ)

सिमेटिडिन
फेमोटिडिन

कार्टिको-स्टीरॉयड दवाएँ
(एलर्जी, शोथ और ओटो-इम्यून रोगों में दी जानेवाली दवाएँ)

प्रेडनीसोलोन
बैक्लोमेथासोन
बीटामेथासोन
ट्राइएमसिनोलोन
डैक्सामेथासोन

श्वसनीविस्फारक दवा

थिओफायलिन

दर्दनिवारक और सूजन मिटानेवाली दवाएँ

एस्प्रिन
नेप्रोक्सेन
इब्यूप्रोफेन
पायरेक्सीकॉम
फ्लर्बीप्रोफेन
मेलोक्सीकॉम
कीटोप्रोफेन
नेप्रोक्सेन
डाइक्लोफेनेक
नेबूमेटोन
इटोडेलेक
इंडोमेथासिन
निमेस्यूलिड

डायबिटीज-रोधी गोलियाँ

क्लोरप्रोपामाइड
फेनफॉर्मिन
टॉलब्यूटामाइड
रोजीग्लीटाजोन
ग्लाइबेनक्लेमाइड
पायोग्लीटाजोन
ग्लाइपीजाइड
रेपाग्लिनाइड

ग्लाइक्लाजाइड
एकरबोस
मेटफॉर्मिन

मूत्र संक्रमण रोधी दवा
नाइट्रोफ्यूराडेंटाओन

रक्तचाप घटानेवाली दवाएँ
प्रोप्रेनोलालहाइड्रेलाजीन

फंगस-रोधी दवा
ग्रीसीयोफलवीन

मूत्रवृद्धिकारक दवाएँ
स्पाइरोनोलैक्टोन
हाइड्रोक्लोरथायजाइड

मिर्गी-रोधी दवाएँ
कार्बामेजापीन
डाइफेनाइलहायडेंटिऑयन

टॉनिक और पोषक
विटामिन *ए*
विटामिन *डी*
विटामिन *ई*
पोटेसियम
लोहयुक्त टॉनिक

दवाएँ जिन्हें भोजन लेने के आधे घंटे बाद लेना उचित है

जिससे कि पेट का कष्ट दूर हो सके
ऐंटएसिड

जिससे कि दवा बेहतर जज्ब हो सके
विटामिन *बी*
विटामिन *सी*

प्रमुख दवाएँ : लाभ और सावधानियाँ

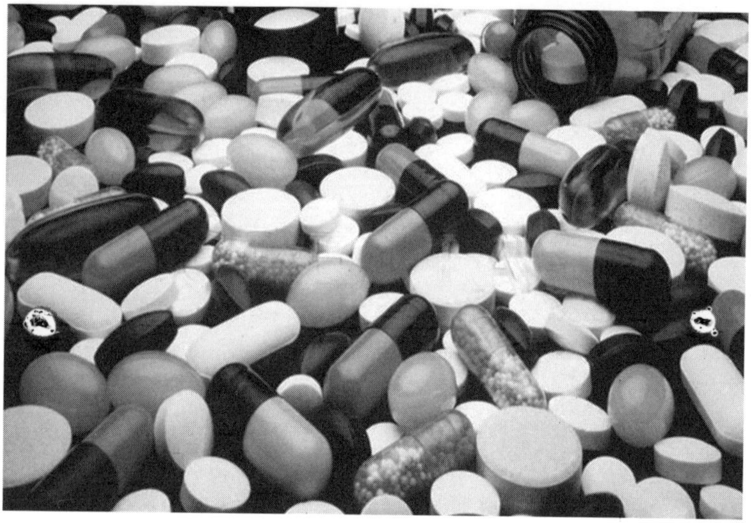

मानव ने रोगों से जूझने के लिए दवाओं का एक बहुत बड़ा ज़खीरा तैयार कर लिया है। आज हमारे पास लगभग हर रोग की दवा है, लेकिन उनका समुचित लाभ पाने के लिए उनके बाबत व्यावहारिक जानकारियाँ होना जरूरी है। दवा की उपयोगिता तभी है जब वह रोग को काट सके और शरीर और मन के स्वास्थ्य की रक्षा करे। हर दवा के साथ कुछ विशिष्ट सावधानियाँ भी जुड़ी हैं, जिनसे हमारे जीवन की डोर बँधी है। उन पर ध्यान देकर ही जीवन की पतंग खुले आसमान में ऊँची उड़ती रह सकती है।

रोगों का भी अब वह पुराना दबदबा नहीं रहा, अब उतने रोग रहे भी नहीं... जरा सोच कर देखें...न तो सिफलिस रही है, न गोनोरिया, न टायफॉयड ही...ऐंटिबायोटिक दवाओं ने चिकित्सा विज्ञान से आधी से अधिक ट्रैजेडी समाप्त कर दी है।

लूइस-फर्डिनेंड सेलेन
क्रिटीकल ऐसेस ऑन लूइस-फर्डिनेंड सेलेन

ऐंटिबायोटिक दवाएँ

आधुनिक दवाओं का सिरमौर ऐंटिबायोटिक ही हैं। जब से उनका विकास हुआ है विविध बैक्टीरिया से होनेवाले संक्रामक रोगों ने मानव के आगे घुटने टेक दिए हैं। सक्षमता के आधार पर ऐंटिबायोटिक दो प्रकार के होते हैं : एक जो बैक्टीरिया को नष्ट करने की ताकत रखते हैं, और दो जो उन्हें ऐसी पटकी देते हैं कि बैक्टीरिया का शरीर में बढ़ना रुक जाता है और हमारा शरीर रही-सही कसर पूरी कर उन्हें खत्म कर देता है।

प्रमुख ऐंटिबायोटिक

पेनिसिलीन वर्ग : ऐंपीसलीन, एमोक्सीसलीन, क्लोक्सासलीन, फिनोक्सीमेथिलपेनिसिलीन; *सेफलोस्पोरिन वर्ग* : सेफ्लेक्सीन, सेफक्लोर, सेफाजोलिन, सेफेक्साइम, सेफोक्सीटिन, सेफ्टाजिडाइम, सेफ्यूरोक्साइम; *क्वीनोलोन वर्ग* : सिप्रोफ्लोक्सासिन, ओफ्लोक्सासिन, लेवोफ्लोक्सासिन, नॉरफ्लोक्सासिन; *टेट्रासाइक्लिन वर्ग* : टेट्रासाइक्लिन, ऑक्सीटेट्रासाइक्लिन, डॉक्सीसाइक्लिन, रॉलीटेट्रासाइक्लिन; *मेक्रोलाइड वर्ग* : ऐरिथ्रोमाइसीन, क्लेरीथ्रोमाइसीन, ऐजिथ्रोमाइसीन; *ऐमिनोग्लाइकोसाइड वर्ग* : स्ट्रैप्टोमाइसिन, जेंटामाइसिन, टोबरामाइसिन, ऐमिकासिन; *सल्फा वर्ग* : सल्फाडायजिन, को-ट्राइमोक्साजोल; *अन्य ऐंटिबायोटिक* : क्लोरेमफेनिकोल, मेट्रानिडाजोल, क्लींडामाइसिन, वेंकोमाइसिन, फ्यूसीडिक एसिड

कब काम में लायी जाती हैं : किसी भी अंग में बैक्टीरिया की पैठ होने पर उन्हें खत्म करने में ऐंटिबायोटिक हमारे बहुत काम आती हैं। चाहे सवाल त्वचा, कान, नाक, गले के संक्रमण का हो, चाहे मूत्रीय प्रणाली, फेफड़ों, हड्डियों, जोड़ या मस्तिष्क की ही बात हो, और चाहे समूचे शरीर पर किसी बैक्टीरिया ने धावा बोल दिया हो, ऐंटिबायोटिक की मदद से बैक्टीरिया को परास्त किया जा सकता है।

सावधानियाँ

- ऐंटिबायोटिक दवाओं को कभी हल्के-फुल्के रूप में न लें। न तो उन्हें बिना डॉक्टर से सलाह लिए शुरू ही करें, न ही जब तक कोर्स पूरा न हो उन्हें बंद ही करें। उनके दुरुपयोग से बैक्टीरिया उनके प्रति प्रतिरोधी क्षमता विकसित कर लेते हैं। उस स्थिति में दवा उन पर आगे काम नहीं कर पाती।

● यकृत या गुर्दे ठीक से काम न कर रहे हों तो कुछ ऐंटिबायोटिक नहीं लिये जा सकते।

● क्वीनोलोन वर्ग की ऐंटिबायोटिक दवाएँ दौरा उत्पन्न कर सकती हैं, अतः मिर्गी होने पर उन्हें नहीं लिया जाना चाहिए।

दूसरी दवाओं से प्रतिक्रिया

● एंटिएसिड दवाएँ टेट्रासाइक्लिन के साथ नहीं ली जानी चाहिए। दोनों साथ लेने से टेट्रासाइक्लिन जज्ब नहीं हो पाती।

● ऐरिथ्रोमाइसीन रक्त में ब्रोमोक्रीप्टिन की मात्रा को इतना बढ़ा देती है कि ब्रोमोक्रीप्टिन के अहितकर प्रभाव दिखने लगते हैं।

● एमोक्सीसलीन और को-ट्राइमोक्साजोल ऐंटि-कोएगुलेंट दवाओं का असर तेज कर देते हैं जिससे शरीर में रक्तस्राव होने की आशंका बढ़ जाती है।

इतर-प्रभाव : ऐंटिबायोटिक दवाएँ लेने से पेट चल सकता है। उन्हें लंबे समय तक लेने पर त्वचा, मुँह, खाने की नली और स्त्रियों में योनि के भीतर केंडिडा उग सकता है। कुछ ऐंटिबायोटिक दवाओं से लोगों को एलर्जी भी होती है। यह समस्या पेनिसिलीन वर्ग की दवाओं के साथ खास तौर पर देखी जाती है। दवा लेने से पित्ती निकल आ सकती है, साँस लेने में कठिनाई हो सकती है और रक्तचाप गंभीर ढंग से गिर सकता है। ऐमिनोग्लाइकोसाइड दवाएँ हमारे सुनने की क्षमता और शरीर के संतुलन में बिगड़ाव उत्पन्न कर सकती हैं। उनके कारण गुर्दों पर भी बुरा असर पड़ सकता है। बच्चों और गर्भवती स्त्रियों के गर्भ-शिशु में टेट्रासाइक्लिन दाँतों और हड्डियों में जमा हो जाती है और उन्हें दागी बना देती है। क्लोरेमफेनिकोल अस्थिमज्जा पर बुरा असर डाल सकती है। उसके कारण मज्जा में रक्त-कणिकाएँ बननी बंद हो सकती हैं। अतः उसका प्रयोग सिर्फ सालमेनेला संक्रमण पर जीत हासिल करने के लिए ही किया जाना चाहिए। सल्फा दवाओं और सेफलोस्पोरिन से भी कुछ लोगों को एलर्जी हो सकती है। सल्फा दवाएँ गुर्दों पर भी दुष्प्रभाव दिखा सकती हैं।

तपेदिक (टी.बी.) रोधी दवाएँ

प्रमुख दवाएँ : आइसोनायाजिड, रिफेम्पीसिन, इथेमब्यूटोल, पायराजिनामाइड, स्ट्रैप्टोमाइसिन, साइक्लोसेरीन, केप्रियोमाइसिन, केनामाइसिन, सिप्रोफ्लोक्सासिन, ओफ्लोक्सासिन, इथियोनामाइड

उपचार की कुल अवधि : सामान्य रूप से छह से नौ महीने। हड्डियों, लसिका-ग्रंथियों,

मस्तिष्क आवरण (मेनिन्जिस) की टी.बी. में एक-डेढ़ साल। यह समय लंबा तो है लेकिन उसमें ढील नहीं छोड़ी जा सकती। अधूरे इलाज से रोग दुबारा सिर उठा सकता है।

सावधानियाँ

- रिफेम्पीसिन सुबह खाली पेट ही लें। इससे यह दवा ठीक से जज्ब हो पाती है।
- आइसोनायाजिड (आई.एन.एच.) के साथ पायरीडॉक्सीन की गोली नियम से लें। यह सावधानी न बरतने पर परिधीय तंत्रिकाओं में शोथ उत्पन्न हो सकती है : हाथ-पैर सुन्न हो जाते हैं, सूइयाँ सी चुभती हैं, और उनमें चींटियाँ रेंगती मालूम देती हैं।
- गर्भवती होने पर डॉक्टर को जरूर आगाह कर दें। कुछ तपेदिक-रोधी दवाएँ गर्भस्थ शिशु के स्वास्थ्य पर बुरा असर डाल सकती हैं।

दूसरी दवाओं से प्रतिक्रिया

- रिफेम्पीसिन और गर्भनिरोधक गोलियाँ एक-दूसरे के असर को कमजोर बनाती हैं। जो स्त्री रिफेम्पीसिन ले रही है, उसे गर्भनिरोधक गोलियाँ प्रयोग नहीं करनी चाहिए।
- रिफेम्पीसिन लेने पर कीटाकोनाजोल, क्लेरीथ्रोमाइसीन तथा एच.आई.वी. प्रोटियेस इन्हीबिटर दवाएँ पूरा लाभ नहीं दे पातीं।
- रिफेंपीसिन लेने पर बहुत-सी डायबिटीज-रोधी दवाओं, डिजिटेलिस, ऐंटिकुएगोलेंट दवाओं, थिओफायलिन व फिनोबार्बिटोन सहित कई दवाओं का असर कमजोर पड़ जाता है।

इतर-प्रभाव : तपेदिक-रोधी दवाएँ पेट में दर्द, मतली और पित्ती उत्पन्न कर सकती हैं। आइसोनायाजिड, रिफेम्पीसिन और पायराजिनामाइड यकृत और गुर्दों पर बुरा असर डाल सकती हैं। इथेमब्यूटोल से दृष्टि-तंत्रिका पर प्रतिकूल प्रभाव पड़ सकता है। इथेमब्यूटोल लेते हुए यदि दृष्टि में धुँधलापन आ जाए, रंगों के बीच भेद करने में कोई अड़चन दिखे तो डाक्टर से तुरंत परामर्श जरूरी है। स्ट्रैप्टोमाइसिन बहरापन पैदा कर सकता है। रिफेम्पीसिन मूत्र के रंग को लाल-गुलाबी बना देती है, जिससे विचलित नहीं होना चाहिए।

वायरस-रोधी दवाएँ

प्रमुख दवाएँ : एसायक्लोवीर, एमेंटाडीन, फेमसायक्लोवीर, इंडिनावीर, डाईडेनोसीन, इंटरफीरोन, लेमीव्यूडिन, नेवीरेपीन, रीबावाइरिन, स्टेव्यूडिन, जीडोव्यूडिन

कब काम में लायी जाती हैं : वायरस-रोधी दवाएँ जननांगीय हर्पीस, वैरिसेला (चिकन पॉक्स), हर्पीस जोस्टर, यकृतशोथ टाइप *बी* और टाइप *सी*, इन्फ्ल्यूऐंजा और एच.आई.वी. विषाणुओं के विरुद्ध उपयोगी साबित होती हैं।

दूसरी दवाओं से प्रतिक्रिया

- इंडिनावीर एस्टेमीजोल और टरफेनाडिन के साथ नहीं लिया जा सकता। उन्हें साथ में लेने से दिल की धड़कन अनियमित हो सकती है। एलप्रेजोलेम के साथ इंडिनावीर लेने पर साँस लेने में कठिनाई हो सकती है।
- नेवीरेपीन के साथ गर्भनिरोधक गोलियाँ प्रयोग नहीं करनी चाहिए।

- जीडोव्यूडिन के साथ लंबे समय तक पेरासिटामोल लेने पर न्यूट्रोपिनिया हो सकता है।

इतर-प्रभाव : किसी-किसी को एसायक्लोवीर लेने से मतली होती है। थकान, गफलत और दौरे भी हुए हैं। एमेंटाडीन घुमेरी, गफलत और अनिद्रा पैदा कर सकता है। इंटरफीरोन फ्लू जैसे लक्षण उत्पन्न करता है : बुखार, पेशियों के दर्द और थकान के साथ मतली हो सकती है। कुछ लोगों में कंपन भी पैदा हो जाती है। स्टेव्यूडिन और जीडोव्यूडिन लेने से सिरदर्द, और मतली तथा जीडोव्यूडिन से पेशी का दर्द, अनिद्रा और फ्लू जैसे लक्षण उपज सकते हैं। सभी दवाएँ किसी-किसी मामले में गंभीर इतर-प्रभाव भी प्रेरित कर सकती हैं।

अमीबा-रोधी दवाएँ

प्रमुख दवाएँ : मेट्रोनायडाजोल, टिनीडाजोल, डाइलोक्जेनाइड फ्यूरोएट, ओर्निडाजोल, सेकनिडाजोल, डीहाइड्रोऐमेटिन

कब काम में लायी जाती हैं : आँत की अमीबायसीस, यकृत के अमीबी फोड़े में

सावधानियाँ : मेट्रोनायडाजोल, टिनीडाजोल, ओर्निडाजोल या सेकनिडाजोल के साथ दवा बंद होने के तीन दिन बाद तक मदिरा से सख्त परहेज रखें।

दूसरी दवाओं से प्रतिक्रिया : लिथियम के साथ सेकनिडाजोल लेने पर रक्त में लिथियम की मात्रा हानिकारक स्तर पर पहुँच सकती है। वारफेरिन के साथ सेकनिडाजोल लेने से रक्तस्राव होने की आशंका बढ़ जाती है।

इतर-प्रभाव : लगभग सभी अमीबा-रोधी दवाओं से मुँह का जायका बिगड़ जाता है। भूख मर जाती है। मतली हो सकती है। पेट के ऊपरी हिस्से में दर्द उठ सकता है। पित्ती उभर आ सकती है। सिर में दर्द हो सकता है। थकान रह सकती है। डीहाइड्रोऐमेटिन के टीके लगने पर रक्तचाप अचानक गिर सकता है और दिल की धड़कन अनियमित हो सकती है।

मलेरिया-रोधी दवाएँ

प्रमुख दवाएँ : क्लोरोक्वीन, प्राइमाक्वीन, मेफ्लोक्वीन, प्रोगुआनील, सल्फाडॉक्सीन-पाइरीमेथामिन, कुनीन, आर्टीथर, आर्टीमिथर, आर्टीसूनेट

कब काम में लायी जाती हैं : जिन क्षेत्रों में मलेरिया बहुत फैला हुआ है, वहाँ हर हफ्ते नियमित क्लोरोक्वीन लेकर रोग से बचा जा सकता है। मलेरिया होने पर उससे मुक्त होने के लिए जरूरी है कि दवा पूरी मात्रा में ली जाए।

सावधानियाँ

- मिर्गी होने पर क्लोरोक्वीन और मेफ्लोक्वीन न लें।
- गर्भवती स्त्रियों और बच्चे को दूध दे रही माताओं के लिए मेफ्लोक्वीन, प्राइमाक्वीन, सल्फाडॉक्सीन-पाइरीमेथामिन और कुनीन लेना मना है।

- जिन लोगों के रक्त में जी-6 पीडी एंजाइम अनुपस्थित होता है, उनके लिए प्राइमाक्वीन वर्जित है। यह कमी आनुवंशिक होती है। उसके होते प्राइमाक्वीन लेने से रक्त-कणिकाएँ नष्ट हो जाती हैं। अतः प्राइमाक्वीन लेने से पहले जी-6 पीडी की जाँच जरूर करा लेनी चाहिए।

दूसरी दवाओं से प्रतिक्रिया

- क्लोरोक्वीन नीयोस्टीगमिन और ऐंपीसलीन के असर को कमजोर कर देती है।
- प्राइमाक्वीन के साथ सल्फा दवाएँ, मेथोट्रेक्सेट, फिनाइलब्यूटाजोन और क्लोरेमफेनिकोल नहीं ली जानी चाहिए।
- कुनीन लेने पर डिजिटेलिस, वारफेरिन और डायबिटीज-रोधी दवाओं का प्रभाव बढ़ जाता है।
- आर्टीमिथर के साथ ऐरिथ्रोमाइसीन, टरफेनाडिन, क्वीनीडिन, एस्टेमीजोल, ट्राइसायक्लिक ऐंटिडिप्रेसेंट दवाएँ नहीं ली जानी चाहिए।

इतर-प्रभाव : मलेरिया-रोधी दवाएँ मतली-कै और आमाशय में जलन उत्पन्न कर सकती हैं। दवा लेने से पहले ठंडा दूध या आइसक्रीम लेने से यह कष्ट प्रायः नहीं होता। सिरदर्द भी बहुत से लोगों को होता है। पित्ती भी निकल सकती है। रक्त विकार उपज सकते हैं। क्लोरोक्वीन दृष्टि के लिए खतरा पैदा कर सकती है। कुनीन से दृष्टि और श्रुति पर बुरा असर पड़ सकता है। मेफ्लोक्वीन घुमेरी, मनोभ्रम, अतिभय और अवसाद उत्पन्न कर सकती है।

कृमिनाशक दवाएँ

प्रमुख दवाएँ : मेबेंडाजोल, एल्बेंडाजोल, डायइथाइलकार्बामजीन, प्रेजीक्वेंटाल, लेवामिसोल, आइवरमेक्टिन, पाइपराजिन, निक्लोसामाइड, पायरेंटल पेमोएट

कब काम में लायी जाती हैं : कृमिनाशक दवाएँ आँतों, यकृत, फेफड़ों और शरीर के दूसरे अंगों में होनेवाले कृमियों से छुटकारा पाने के लिए प्रयोग में लायी जाती हैं।

सावधानियाँ

- मिर्गी होने पर पाइपराजिन नहीं ली जा सकती।
- लेवामिसोल यकृत और वृक्क रुग्णता, जोड़ों की सोरायसिस और रक्त विकारों में नहीं ली जा सकती।

दूसरी दवाओं से प्रतिक्रिया : कार्बामेजापिन आइवरमेक्टिन के स्तर को कम करती है।

इतर-प्रभाव : कुछ दवाओं के साथ पेट चलना, सिरदर्द और घुमेरी की परेशानी हो सकती है। एल्बेंडाजोल यकृत के कार्य में विघ्न डाल सकती है।

दर्द/सूजन/गठिया/बुखार में ली जानेवाली दवाएँ

प्रमुख दवाएँ : एस्प्रिन, इब्यूप्रोफेन, फ्लर्बीप्रोफेन, कीटोप्रोफेन, डाइक्लोफेनेक,

इटोडेलेक, निमेस्यूलिड, नेप्रोक्सेन, पायरेक्सीकॉम, मेलोक्सीकॉम, नेप्रोक्सेन, नेबूमेटोन, इंडोमेथासिन

कब काम में लायी जाती हैं : दर्द, सूजन, गठिया, चोट और मोच के उपचार में। एस्प्रिन लघु मात्रा में नियमित लेने से रक्त बिम्बाणुओं का चिपचिपापन कम करती है और धमनियों में थक्का बनने के जोखिम को घटाती है।

सावधानियाँ

- पेरासिटामोल को छोड़ कोई भी दर्दनिवारक दवा खाली पेट न लें। लगभग सभी दर्दनिवारक दवाएँ आमाशय के अस्तर में जलन और सूजन उत्पन्न करती हैं। उन्हें लंबे समय तक लेना हो, तो उनके साथ अल्सर-रोधी दवा लेना जरूरी हो जाता है।
- आमाशय और छोटी आँत के प्रथम भाग का अल्सर होने पर दर्दनिवारक दवाओं से बचना चाहिए। ये दवाएँ अल्सर के भरने में विघ्न डालती हैं और रक्तस्राव शुरू कर सकती हैं।
- दमा में इन दवाओं से परहेज बरतने में ही भलाई है। ये दवाएँ श्वास-नलियों में सिकुड़न पैदा कर सकती हैं।
- गाउट होने पर रोज लघु मात्रा में एस्प्रिन लेना सुरक्षित नहीं है, उससे रोग बिगड़ सकता है।
- दर्दनिवारक दवाओं के साथ मदिरा न लें। इससे आमाशयशोथ हो सकता है।
- बारह साल से कम उम्र के बच्चों के लिए एस्प्रिन और निमेस्यूलिड वर्जित हैं।

दूसरी दवाओं से प्रतिक्रिया

- दर्दनिवारक दवाएँ लेने से बीटा-ब्लॉकर, ऐस इन्हीबिटर और मूत्रवृद्धिकारक दवाओं का प्रभाव घट जाता है। अतः उच्च रक्तचाप होने पर लगातार दर्दनिवारक दवा लेनी पड़े तो रक्तचाप पर कड़ी नजर रखें।
- इब्यूप्रोफेन और इंडोमेथासिन लेने से डिजोक्सिन का स्तर बढ़ जाता है।
- दर्दनिवारक दवाएँ कोमेरिन और वारफेरिन सरीखी ऐंटिकोएगुलेंट दवाओं के असर को तेज कर देती हैं। अतः रक्तस्राव के खतरे के प्रति सतर्क रहें।

इतर-प्रभाव : आमाशय के अस्तर में प्रदाह और सूजन, अल्सर का बढ़ना, पित्ती उठ आना, दमे का उग्र हो जाना, घुमेरी और चक्कर आना दर्दनिवारक दवाओं के साथ होनेवाले प्रमुख इतर-प्रभाव हैं। लंबे समय तक लगातार लेने से गुर्दों और यकृत पर बुरा असर पड़ सकता है।

ऐंटिहिस्टामिन दवाएँ (एलर्जी-रोधी दवाएँ)

प्रमुख दवाएँ : ऐस्टेमीजोल, सेट्रीजिन, टरफेनाडिन, लोरेटीडिन, फैसोफेनाडिन, क्लोरफेनिरामिन, साइप्रोहेप्टाडिन, डाइफेनहाइड्रामिन, फेनिरामिन, डाइमेथेनडिन, प्रोमेथाजिन, डाइमेनहाइड्रिनेट, मेक्लोजिन, ट्राइप्रोलाडिन

कब काम में लायी जाती हैं : एलर्जी से हुए खाँसी-जुकाम, पित्ती, खुजली और ददोरे, किसी कीड़े के काटने, और किसी दवा से एलर्जी होने पर शरीर में छूटी हिस्टामिन पर अंकुश पाने में ऐंटिहिस्टामिन दवाएँ उपयोगी सिद्ध होती हैं।

सावधानियाँ

- ऐंटिहिस्टामिन दवा मानसिक सतर्कता घटा देती है। उसे लेने के बाद गाड़ी न चलाएँ और न ही किसी मशीन पर काम करें।
- काला मोतिया होने, अल्सर से आमाशय के सिकुड़ जाने, और बुजुर्ग पुरुषों में पौरुष ग्रंथि (प्रोस्टेट ग्लैंड) बढ़ने और मूत्र में रुकावट होने पर ऐंटिहिस्टामिन दवा नहीं लेनी चाहिए।
- जब ऐंटिहिस्टामिन दवा लें तो मदिरा से परहेज बरतें।

दूसरी दवाओं से प्रतिक्रिया

- लोरेटीडिन के साथ इरिथ्रोमाइसीन, एजिथ्रोमाइसीन, रेनेटीडिन, सिमेटीडिन, कीटाकोनाजोल लेनी पड़े तो सावधानी बरतने की जरूरत है।
- टरफेनाडिन के साथ कीटाकोनाजोल नहीं ली जा सकती।
- क्लोरफेनिरामिन फिनोबार्बिटोन के साथ प्रतिक्रिया कर सकती है।

इतर-प्रभाव : ऐंटिहिस्टामिन दवाएँ मानसिक सतर्कता में कमी लाती हैं। उन्हें लेते ही कुछ लोगों पर सुस्ती और नींद छा जाती है। मुँह शुष्क हो जाता है। कुछ दवाओं से भूख बढ़ जाती है और लंबे समय तक उन्हें लेने से वजन भी बढ़ जाता है।

कार्टिको-स्टीरायड दवाएँ

प्रमुख दवाएँ : बैक्लोमेथासोन, बीटामेथासोन, डैक्सामेथासोन, हाइड्रोकोर्टिसोन, प्रेडनीसोलोन, ट्राइएमसिनोलोन

कब काम में लायी जाती हैं : दमा, एलर्जी, रूमेटॉयड आर्थराइटिस, एस.एल.ई., एलर्जिक राइनाइटिस, एक्जीमा, दवा से एलर्जी, सार्कोयडोसिस, इडियोपैथिक थ्रोम्बोसयटोपिनिक परप्यूरा, ल्यूकीमिया, लिमफोमा जैसे अनेक विविध विकारों में

सावधानियाँ : डायबिटीज, ब्लड प्रेशर, मिर्गी, हृदय रोग, संक्रमण, सिरहासिस, गुर्दों के फेलियर, ग्लूकोमा या हाइपोथायराइडिज्म होते हुए कार्टिको-स्टीरायड दवाएँ लेने में विशेष सतर्कता बरतने की जरूरत है।

दूसरी दवाओं से प्रतिक्रिया

- मिर्गीरोधी दवाओं का प्रभाव कार्टिको-स्टीरायड लेने से घट जाता है।
- गर्भनिरोधक गोलियाँ ले रही महिलाएँ कार्टिको-स्टीरायड लें तो उनकी ब्लड शुगर

बहुत बढ़ जाती है।

- थायजाइड दवाएँ और कार्टिको-स्टीरायड साथ लेने से ब्लड शुगर बहुत बढ़ जाती है और पोटेसियम घट जाता है।
- दर्दनिवारक दवाओं के साथ कार्टिको-स्टीरायड लेने से पेट में अल्सर होने का जोखिम बढ़ जाता है।

इतर-प्रभाव : लंबे समय तक लेने से कैल्सिमय कम होने से हड्डियाँ कमजोर हो जाती हैं, पेशियाँ पतली हो जाती हैं, सोडियम और जल की मात्रा बढ़ने से ब्लड प्रेशर बढ़ सकता है, अंतःकपाल दाब बढ़ने से सिरदर्द हो सकता है, ब्लड शुगर बढ़ सकती है, वजन बढ़ सकता है, शरीर की रोगबचाव क्षमता शिथिल हो जाती है, घाव भरने में अधिक समय लगता है, बच्चों में सामान्य शारीरिक विकास में अड़चन आ सकती है।

उबकाई-रोधी दवाएँ

प्रमुख दवाएँ : डोमपेरिडोल, मेटोक्लोप्रामाइड, ऐंटिहिस्टामिन दवाएँ (प्रोमेथाजिन, साइकिलिजिन, डाइमेनहाइड्रिनेट), प्रोक्लोरपराजिन, ट्राइफ्लोपराजिन, ओन्डेनसेटरोन

सावधानियाँ : आमाशय अथवा आँत में रुकावट या रक्तस्राव, आमाशय के निकास भाग में सिकुड़न, पार्किनसन रोग या फियोक्रोमोसायटोमा होने पर उबकाई-रोधी दवाएँ लेना सुरक्षित नहीं है।

दूसरी दवाओं से प्रतिक्रिया

- मेटोक्लोप्रामाइड डिजोक्सीन के जज्ब होने में बाधक है। यह एस्प्रिन, पेरासिटामोल और डायजीपाम के अवशोषण को बल देता है।
- प्रोमेथाजिन लेवोडोपा के असर को और लेवोडोपा प्रोमेथाजिन के असर को कमजोर बनाते हैं।
- ऐंटएसिड प्रोमेथाजिन के जज्ब होने में बाधक सिद्ध होते हैं।

इतर-प्रभाव : कब्ज, सुस्ती, नजर का धुँधलापन, काम में मन न लगना, कंपन, चेहरे की भाव-शून्यता, जुबान में लड़खड़ाहट, पेशियों का कड़ा पड़ जाना, पेशियाँ वश में न रहना, आँखों, गर्दन और चेहरे की पेशियों का फड़कना जैसे अनेक इतर-प्रभाव देखे जा सकते हैं।

अल्सर-रोधी दवाएँ

प्रोटोन पंप इन्हीबिटर दवाएँ : पेंटाप्रजोल, ओमेप्रजोल, लेन्साप्रजोल, रेबेप्रजोल

एच-2 ब्लॉकर दवाएँ : सिमेटीडिन, रेनेटीडिन, फेमोटीडिन

कब काम में लायी जाती हैं : अल्सर, सीने में जलन, खट्टी डकारें

दूसरी दवाओं से प्रतिक्रिया

- ओमेप्रजोल फेनिटायन, डायजीपाम, वारफेरिन और ऐमिनोफायलिन की निकासी को सुस्त कर देती है जिससे ये दवाएँ अधिक समय तक शरीर में बनी रहती हैं।

● ऐंटएसिड गोलियाँ रेनेटीडिन के जज्ब होने में बाधक सिद्ध होती हैं।

इतर-प्रभाव : प्रोटोन पंप इन्हीबिटर दवा लेने से सिरदर्द, कब्ज, घुमेरी, नजर में धुँधलापन, पित्ती और पेशियों में दर्द हो सकता है। एच-2 ब्लॉकर दवाएँ थकान, घुमेरी और पित्ती पैदा कर सकती हैं।

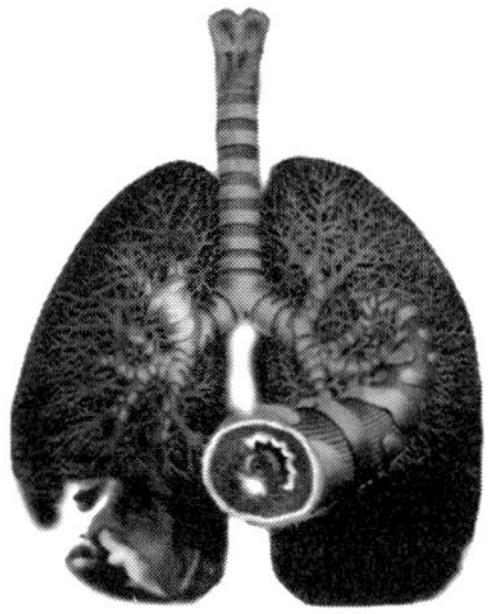

श्वसनीविस्फारक (ब्रोंकोडायलेटर) दवाएँ

प्रमुख दवाएँ : सेलब्यूटामोल, सेलमेटेरोल, टरब्यूटालिन, ऐमिनोफाइलिन, थिओफाइलिन, इप्राट्रोपियम ब्रोमाइड

कब काम में लायी जाती हैं : दमा और क्रोनिक ब्रोंकाइटिस के उपचार में

सावधानियाँ : कोरोनरी हृदय रोग, हृदय-लय के विकार, उच्च रक्तचाप, मिर्गी, हाइपरथायराइडिज्म होने पर श्वसनीविस्फारक दवाएँ बहुत सजग होकर लेनी चाहिए।

दूसरी दवाओं से प्रतिक्रिया : बीटा-ब्लॉकर दवाएँ सेलब्यूटामोल, सेलमेटेरोल या टरब्यूटालिन के असर को कमजोर बना देती हैं। ऐमिनोफाइलिन या थिओफाइलिन के साथ सेलब्यूटामोल, सेलमेटेरोल या टरब्यूटालिन लेने पर शरीर में पोटेसियम कम हो जाता है। थिओफाइलिन के साथ सेलब्यूटामोल, सेलमेटेरोल या टरब्यूटालिन लेने से दिल की धड़कन अनियमित हो सकती है। कुछ मिर्गीरोधक दवाएँ और रिफेम्पीसिन थिओफाइलिन का प्रभाव-काल कम कर देती हैं। प्रोप्रेनोलोल और सिमेटीडिन थिओफाइलिन का प्रभाव-काल बढ़ा देती हैं।

इतर-प्रभाव : सेलब्यूटामोल, सेलमेटेरोल और टरब्यूटालिन प्रयोग करने पर कंपन, बेचैनी, दिल की धड़कन बढ़ने और अनिद्रा की परेशानी हो सकती है। इप्राट्रोपियम ब्रोमाइड से मुँह सुखता है, दृष्टि धुँधली हो सकती है, मूत्र में रुकावट महसूस हो सकती है। अचानक आँख का दाब भी बढ़ सकता है। ऐमिनोफाइलिन और थिओफाइलिन सिरदर्द, उबकाई और दिल की धड़कन तेज कर देते हैं।

उच्च रक्तचाप में ली जानेवाली दवाएँ

बीटा-ब्लॉकर दवाएँ : एटेनोलोल, कार्वेडिलोल, लेबेटालोल, मेटोप्रालोल, प्रोप्रनालोल

ऐस इन्हीबिटर दवाएँ : कैप्टोप्रिल, ऐनलाप्रिल, लिसिनोप्रिल, रेमीप्रिल

कैल्सियम चेनल ब्लॉकर दवाएँ : एमलोडिपिन, डिलटियाजेम, निफेडीपिन, बेनीडीपिन

मूत्रवृद्धिकारक दवाएँ : पृष्ठ 29 पर देखें

ऐंजियोटेंसिन II ब्लॉकर दवाएँ : लोसार्टन, केंडेसार्टन

अल्फा ब्लॉकर दवाएँ : प्रेजोसिन, टेरेजोसिन

अन्य दवाएँ : क्लोनिडिन, मेथाइलडोपा, हाइड्रेलाजिन, नाइट्रोप्रुसाइड

बीटा-ब्लॉकर दवाएँ

ब्लड प्रेशर कम करने के अलावा बीटा-ब्लॉकर दवाएँ ऐंजाइना, हृदय-लय की कुछ गड़बड़ियों और माइग्रेन से राहत दिलाने में भी उपयोगी भूमिका निभा सकती हैं।

सावधानियाँ : बीटा-ब्लॉकर दवाएँ लेने से श्वास-नलियाँ सिकुड़ सकती हैं, अतः दमा और क्रोनिक ब्रोंकाइटिस के श्वास रोगियों के लिए उन्हें लेना उचित नहीं है। ये दवाएँ डायबिटीज में भी नहीं लेनी चाहिए, चूँकि उन्हें लेने पर ब्लड शुगर कम होने के लक्षण छुप जाते हैं। यूँ तो सिगरेट पीनेवालों के लिए सिगरेट छोड़ना सबसे अच्छा है, पर जब तक यह सुधार न हो बीटा-ब्लॉकर दवाएँ न लेना ही उचित है। ये दवाएँ हाथों-पैरों की धमनियों में खून का दौरा घटा देती हैं, जबकि सिगरेट पीनेवालों को यह परेशानी पहले से ही हो सकती है।

दूसरी दवाओं से प्रतिक्रिया

- इंडोमेथासिन बीटा-ब्लॉकर दवाओं के प्रभाव को कमजोर बना देती है।
- सिमेटीडिन लेबेटालोल की जैविक उपलब्धता बढ़ा देती है।

इतर-प्रभाव : हाथ-पैर ठंडे लगना, थकान, अनिद्रा, श्वास-नलियों में सिकुड़न। पुरुषों में अस्थायी पुंसत्वहीनता, जो दवा बदलने पर दूर हो जाती है।

ऐस इन्हीबिटर दवाएँ

ऐंजियोटेंसिन कनवर्टिंग एंजाइम (ACE) इन्हीबिटर दवाएँ ब्लड प्रेशर, क्रोनिक हार्ट फेलियर और डायबिटीज से घिरे रुग्ण गुर्दों के उपचार में काम आती हैं।

सावधानियाँ : ऐस इन्हीबिटर दवा शुरू करने पर ब्लड प्रेशर अचानक बहुत कम हो सकता है। सिर घूमता लगे तो अपना रक्तचाप अवश्य दिखवा लें।

दूसरी दवाओं से प्रतिक्रिया

- ऐस इन्हीबिटर दवा के साथ हाइड्रोक्लोरथायजाइड लेने पर रक्तचाप और पोटेसियम में अचानक कमी आ सकती है।
- इंडोमेथासिन ऐस इन्हीबिटर दवाओं के असर को कमजोर बनाती है।

इतर-प्रभाव : शुष्क खाँसी, पेशियों की ऐंठन, पेट चलना और कभी-कभी ददोरे।

कैल्सियम चेनल ब्लॉकर दवाएँ

कैल्सियम चेनल ब्लॉकर दवाएँ उच्च रक्तचाप और ऐंजाइना के उपचार में प्रभावी भूमिका निभाती हैं। वेरेपेमिल नामक कैल्सियम चेनल ब्लॉकर दवा हृदय-लय की कुछ विशेष अनियमितताओं से भी निजात दिलाती है।

सावधानियाँ : कैल्सियम चेनल ब्लॉकर दवा कभी अचानक डॉक्टर से पूछे बिना बंद न करें। इसे बंद करने से ऐंजाइना अचानक बिगड़ सकता है।

दूसरी दवाओं से प्रतिक्रिया : कैल्सियम चेनल ब्लॉकर दवाएँ मूत्रवृद्धिकारक

थायजाइड और ऐस इन्हीबिटर दवाओं के प्रभाव को तेज करती हैं।

इतर-प्रभाव : सिरदर्द, पैरों में सूजन, कब्ज, थकान, कभी-कभी पित्ती।

ऐंजियोटेंसिन II ब्लॉकर दवाएँ

सावधानियाँ : जब पहली बार लें तो इस बात के लिए तैयार रहें कि रक्तचाप अचानक बहुत कम हो सकता है। घुमेरी आए तो लेट जाएँ और आराम करें।

दूसरी दवाओं से प्रतिक्रिया

- पहले से मूत्रवृद्धिकारक दवा ले रहे हों तो रक्तचाप अचानक कम हो सकता है।
- स्पाइरोनोलैक्टोन और ट्राइमेटेरेन लेने पर पोटेसियम बहुत बढ़ सकता है।
- दर्दनिवारक दवाएँ इन दवाओं के असर को कमजोर बनाती हैं।

इतर-प्रभाव : घुमेरी, सिरदर्द, थकान और पोटेसियम की अति-वृद्धि।

मूत्रवृद्धिकारक दवाएँ

थायजाइड दवाएँ : क्लोरथायजाइड, क्लोरटेलीडोन, हाइड्रोक्लोरथायजाइड, इंडपामाइड; *लूप मूत्रवृद्धिकारक दवाएँ* : फ्रुसेमाइड, ब्यूमेटानाइड, टोरसेमाइड; पोटेसियम बचानेवाली *मूत्रवृद्धिकारक दवाएँ* : स्पाइरोनोलैक्टोन, ट्राइमेटेरेन; *अन्य* : एसिटेजोलामाइड

कब काम में लायी जाती हैं : उच्च रक्तचाप, हृदय फेलियर, यकृत और गुर्दों के फेल होने और शरीर में एकत्रित हुए पानी को निकालने के लिए।

सावधानियाँ

- थायजाइड और लूप मूत्रवृद्धिकारक दवाएँ पोटेसियम में कमी लाती हैं। उन्हें लें तो समय-समय पर डॉक्टर के निर्देश से पोटेसियम की रक्त जाँच जरूर कराते रहें। पोटेसियम की भरपाई के लिए उचित पूरक दवा लें।
- गाउट होने पर मूत्रवृद्धिकारक दवाएँ नहीं ली जानी चाहिए। उन्हें लेने से यूरिक एसिड बढ़ जाता है।
- डायबिटीज में थायजाइड दवाएँ नहीं लेनी चाहिए।

दूसरी दवाओं से प्रतिक्रिया

- दर्दनिवारक दवाएँ मूत्रवृद्धिकारक दवाओं के असर को कमजोर बना देती हैं।
- फ्रुसेमाइड स्ट्रेप्टोमाइसीन और जेंटामाइसीन सहित सभी ऐमिनोग्लाइकोसाइड दवाओं के कानों पर होनेवाले दुष्प्रभाव को अधिक तीव्र बनाती हैं।
- मूत्रवृद्धिकारक दवा के कारण पोटेसियम कम हो जाने पर डिजिटेलिस दवा हृदय पर गंभीर प्रभाव डाल सकती है।

इतर-प्रभाव : शरीर में पोटेसियम की कमी होने पर गफलत, कमजोरी और हृदय-लय अनियमित हो जाती है। थायजाइड दवाएँ लेने से त्वचा सूर्य की रोशनी के प्रति अधिक संवेदनशील हो जाती है और जल सकती है। जिन पुरुषों में पौरुष ग्रंथि बढ़ी

होती है, उनमें लूप मूत्रवृद्धिकारक दवा लेने से कभी-कभी मूत्र आना बिल्कुल रुक जाता है। पोटेसियम बचानेवाली मूत्रवृद्धिकारक दवाएँ मुँह को शुष्क कर देती हैं और वमन व वायु पैदा करती हैं। स्पाइरोनोलैक्टोन लेने पर पुरुषों में भी स्तन बढ़ सकते हैं।

ऐंजाइना-रोधी दवाएँ

कोरोनरी हृदय रोग में सीने में उठनेवाले ऐंजाइना के दर्द से छुटकारा दिलाने में नाइट्रेट दवाएँ लेने से लाभ होता है। उन्हें लेने से कोरोनरी धमनियों में फैलाव आ जाता है और दिल पर काम का बोझ घट जाता है।

प्रमुख दवाएँ : नाइट्रोग्लीसरीन, आइसोसोरबाइड मनोनाइट्रेट व डाइनाइट्रेट

सावधानियाँ

- नाइट्रेट दवाओं के साथ मदिरा न लें। मदिरा लेने पर रक्तचाप इतना तेजी से गिर सकता है कि स्थिति सँभले नहीं सँभलती।
- नाइट्रेट दवाएँ लेने से कोलेस्टेरॉल के स्तर में झूठी कमी आ जाती है। हृदय रोग से उबरने के लिए यह जरूरी है कि कोलेस्टेरॉल को सचमुच कम किया जाए।

दूसरी दवाओं से प्रतिक्रिया

- कैल्सियम चेनल ब्लॉकर, फिनोथायाजिन और अवसादरोधक दवाओं के साथ नाइट्रेट दवाएँ लेने पर रक्तचाप अचानक बहुत कम हो सकता है।
- नाइट्रेट दवाएँ माइग्रेन-रोधी दवा अर्गेटोमिन की शरीर में उपलब्धता बढ़ा देती हैं।

इतर-प्रभाव : सिरदर्द, गरमाहट, दिल की धड़कन बढ़ जाना और रक्तचाप अचानक कम होने से चक्कर आना। नाइट्रेट दवाओं के साथ अक्सर यह समस्या भी होती है कि दवा कुछ समय के बाद असर करना बंद कर देती है।

डायबिटीज-रोधी दवाएँ

इंसुलिन; *सल्फोनिलयूरिया दवाएँ :* क्लोरप्रोपामाइड, टॉलब्यूटामाइड, ग्लाइबेनक्लेमाइड, ग्लाइपीजाइड, ग्लाइक्लाजाइड; *बाइग्वानाइड दवाएँ:* मेटफॉर्मिन, फेनफॉर्मिन; *थायाजोलीडीनडायोन दवाएँ :* रोजीग्लीटाजोन, पायोग्लीटाजोन; अन्य दवाएँ : रेपाग्लिनाइड, एकरबोस।

सावधानियाँ : इंसुलिन या सल्फोनिलयूरिया दवा ले रहे हों तो भोजन जरूर समय से कर लें। देर करने से ब्लड शुगर अचानक कम होने से स्थिति बिगड़ सकती है। इंसुलिन लेनी हो तो खुद ही टीका लगाना सीख लें। टीका लगाने से कम से कम आधे घंटे पहले इंसुलिन फ्रिज से निकाल लें और उसे कमरे के सामान्य तापमान पर रहने दें। हर दिन टीके की जगह बदलते रहें।

दूसरी दवाओं से प्रतिक्रिया : बहुत-सी दवाएँ डायबिटीज-रोधी दवाओं के असर को कम या तेज कर सकती हैं। ऐसे में ब्लड शुगर का संतुलन गड़बड़ हो जाता है। यह रासायनिक प्रतिक्रिया बीटा-ब्लॉकर दवाओं, मिरगी-रोधी दवाओं, टी.बी. की दवाओं

रिफेम्पीसीन और आई.एन.एच., अवसाद-रोधी दवाओं, कार्टिको-स्टीरायड, खून पतला करनेवाली दवा कॉमारीन और मूत्रवृद्धिकारक दवाओं के साथ तो होती ही है, साधारण खाँसी-जुकाम, बुखार, दर्द और सूजन दूर करनेवाली दवाओं, ऐंटिबायोटिक और मदिरा के साथ भी हो सकती है। अतः कोई भी दवा लेने से पहले डॉक्टर से अवश्य पूछ लें।

इतर-प्रभाव : सल्फोनिलयूरिया दवाएँ लेने से वजन बढ़ सकता है। मेटफॉर्मिन के भी बहुत से इतर-प्रभाव हैं : मुँह का स्वाद बिगड़ जाता है, भूख नहीं लगती, पेट फूल जाता है, वायु बनती है, जी कच्चा होता है। पर शुरू के कुछ हफ्ते निकल जाएँ, तो धीरे-धीरे स्थिति सँभलती जाती है। एकरबोस के साथ भी पहले कुछ हफ्तों में वायु बनती है, पेट फूलता है और डायरिया हो सकता है, मगर फिर शरीर उसके प्रति अभ्यस्त हो जाता है।

माइग्रेन-रोधी दवाएँ

बार-बार माइग्रेन का दर्द उठता हो तो डॉक्टर से पूछकर नियम से माइग्रेन-रोधी दवाएँ ले सकते हैं। कभी-कभी दर्द उठे तो शुरू में ही दर्दनिवारक दवा लेकर राहत पायी जा सकती है। जिन लोगों में साधारण दर्दनिवारक दवा से दर्द दूर नहीं होता, उन्हें अर्गेटोमिन या सूमाट्रिप्टेन लेनी पड़ती है।

बचावकारी दवाएँ : ऐमिट्रिप्टालीन, फ्लूनेरीजिन, मेथीसरजिड, निफेडीपिन, प्रोप्रनोलोल, वेरेपिमिल

दर्दनिवारक दवाएँ : पेरासिटामोल, एस्प्रिन, अर्गेटोमिन, सूमाट्रिप्टेन, रीजाट्रिप्टेन

सावधानियाँ

- पार्किनसन रोग होने पर फ्लूनेरीजिन नहीं ली जा सकती।
- कोरोनरी धमनी रोग और उच्च रक्तचाप में अर्गेटोमिन तथा ट्रिप्टेन दवाएँ प्रयोग में न लाएँ।
- पहले 24 घंटों में अर्गेटोमिन ले चुके हों तो ट्रिप्टेन दवाएँ न लें। उनसे धमनियों में सिकुड़न बढ़ जाती है।

दूसरी दवाओं से प्रतिक्रिया

- मिर्गी-रोधी दवाएँ फ्लूनेरीजिन के असर को कमजोर कर देती हैं।
- बीटा-ब्लॉकर, मेथीसरजिड और अर्गेटोमिन लेने पर परिधीय धमनियों में रक्त संचार अचानक रुक सकता है।
- गर्भ-निरोधक गोलियों के साथ अर्गेटोमिन लेने पर धमनियों में खून जमने का खतरा बढ़ जाता है।

इतर-प्रभाव : फ्लूनेरीजिन लेने पर वजन बढ़ सकता है, सुस्ती छायी रह सकती है, अवसाद और अनिद्रा की परेशानी हो सकती है।

ट्रिप्टेन दवाएँ मतली, स्वाद बिगड़ने, चक्कर आने, सुस्ती छाने और सीने में दर्द

उत्पन्न करने की दोषी हो सकती हैं।

अर्गेटोमिन लेने से पेटदर्द, मतली और डायरिया हो सकता है। पेशियों में ऐंठन आ सकती है। हाथ-पैर सुन्न हो सकते हैं और उनमें झनझनाहट हो सकती है।

मिर्गी-रोधी दवाएँ

प्रमुख दवाएँ : कार्बामिजापिन, इथोसक्सामाइड, गाबापेन्टिन, लेमोट्रीजीन, फिनोबार्बीटोन, फेनेटोयन, प्राइमीडोन, सोडियम वेल्पोरेट, टोपिरामेट, क्लोनेजेपाम, डायजीपाम

सावधानियाँ

- मिर्गीरोधी दवाएँ अचानक कभी न बंद करें। दवा बंद करने से दौरा पड़ने का खतरा बढ़ जाता है।
- मिर्गीरोधी दवाएँ ले रही हों तो गर्भधारण करने से पहले डॉक्टर से सलाह लें।

दूसरी दवाओं से प्रतिक्रिया

- कार्बामिजापिन गर्भनिरोधक गोलियों के असर को कमजोर कर देती है जिससे कि उनकी विश्वसनीयता खत्म हो जाती है।
- सिमेटीडिन, डेनाजोल, ऐरिथ्रोमाइसीन, आई.एन.एच. और वेरेपेमिल रक्त में कार्बामिजापिन के स्तर को बढ़ा देते हैं जिससे सिरदर्द, चक्कर, अस्थिरता और उबकाई हो सकती है।
- फिनोबार्बीटोन, फेनेटोयन और प्राइमीडोन भी अनेक दूसरी दवाओं से प्रभावित हो सकती हैं और उन्हें प्रभावित करती हैं।

इतर-प्रभाव : ये दवाएँ मानसिक एकाग्रता और स्मृति पर बुरा असर डाल सकती हैं।

चिंतानिवारक दवाएँ

प्रमुख दवाएँ : क्लोरडायजीपोक्साइड, डायजीपाम, लोरेजीपाम, एल्प्रेजोलाम, क्लोनेजोपाम, बूसपीरोन

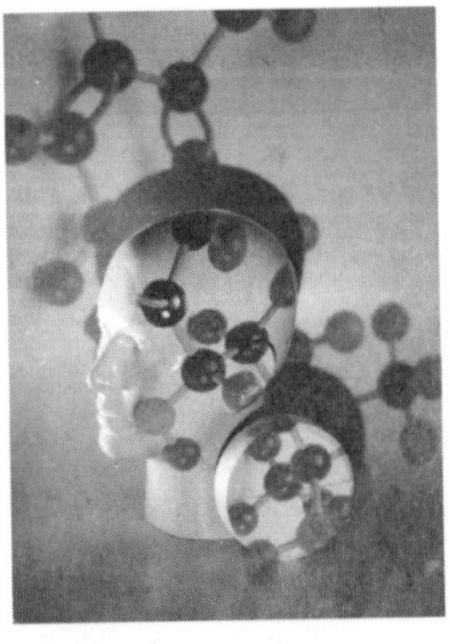

सावधानियाँ

- चिंतानिवारक दवाएँ लेने के बाद मानसिक सतर्कता घट जाती है। अतः गाड़ी चलाना ठीक नहीं रहता।
- चिंतानिवारक दवा लेने के बाद मदिरा न लें। मदिरा लेने से इन दवाओं का शामक प्रभाव बढ़ जाता है।
- चिंतानिवारक दवा कभी भी डॉक्टर की सलाह के बिना नहीं लेनी चाहिए। किसी भी सूरत में उन्हें एकाध हफ्ते से ज्यादा दिन तक नहीं लेना चाहिए। लगातार लेने से उनके प्रति निर्भरता विकसित हो जाती है, जिससे मुक्त हो पाना मुश्किल होता है।

दूसरी दवाओं से प्रतिक्रिया : फिनोथायाजिन दवाएँ, फिनोबार्बिटोन और कुछ दर्दनिवारक और मिर्गीरोधी दवाएँ चिंतानिवारक दवाओं के शामक प्रभाव को अधिक प्रबल बना देती हैं।

इतर-प्रभाव : सुस्ती, घुमेरी और चलने में अस्थिरता। बुजुर्गों को इस जोखिम के प्रति विशेष सावधान रहना चाहिए। गिरने पर उनकी हड्डी टूटने का अधिक खतरा होता है। बहुत दिन तक लगातार चिंतानिवारक दवा लेने से मानसिक योग्यता और स्मृति पर बुरा असर पड़ सकता है।

अवसादरोधक दवाएँ

प्रमुख दवाएँ : फ्लूओक्जेटिन, सर्टरेलिन, पेरोक्सीटिन, सिटेलोप्रेम, ऐमिट्रिप्टालिन, इमिप्रामिन, ट्रिमीप्रामिन, डॉक्सीपिन, वेनलाफैक्सीन, मर्टेजापिन, ब्यूप्रोपोयन, ट्रेजाडोन

सावधानियाँ

- अवसादरोधक दवाओं का असर तीन हफ्तों बाद ही दिखना शुरू होता है। तब तक धीरज रखना जरूरी होता है।
- अवसादरोधक दवाएँ कभी अचानक बंद नहीं करनी चाहिए। दवा बंद करने से अवसाद फिर से गहरा सकता है।
- जब तक अवसादरोधक दवा लें, अच्छा होगा कि गाड़ी न चलाएँ।
- अवसादरोधक दवाओं के साथ मदिरा नहीं लेनी चाहिए। मदिरा लेने से दवा का शामक प्रभाव अधिक बढ़ जाता है।
- ऐमिट्रिप्टालिन, इमिप्रामिन, ट्रिमीप्रामिन और डॉक्सीपिन दवाएँ मिर्गी, ग्लूकोमा, मूत्र में रुकावट तथा हृदय रोग होने पर नहीं ली जानी चाहिए।

दूसरी दवाओं से प्रतिक्रिया : गर्भनिरोधक गोलियाँ, फिनोथायाजिन, फ्यूराजोलाडिन, लेवोडोपा, क्लोनीडिन और बहुत सी दूसरी दवाएँ इमिप्रामिन, ऐमिट्रिप्टालिन, ट्रिमीप्रामिन और डॉक्सीपिन के प्रभाव को बढ़ाती-घटाती हैं। यह हस्तक्षेप कभी-कभी बहुत खतरनाक साबित हो सकता है। फ्यूराजोलाडिन के साथ प्रतिक्रिया इतनी तीखी होती है कि उसका कुछ भी अंत हो सकता है।

इतर-प्रभाव : फ्लूओक्जेटिन, सर्टरेलिन, पेरोक्सीटिन और सिटेलोप्रेम सिरदर्द, मतली, अनिद्रा, बेचैनी और पुंसत्वहीनता उत्पन्न कर सकती हैं। ऐमिट्रिप्टालिन, इमिप्रामिन, ट्रिमीप्रामिन और डॉक्सीपिन लेने से मुँह सूखता है, दिल की धड़कन बढ़ जाती है, पसीना आने लगता है, रक्तचाप अचानक गिर सकता है, नजर धुँधली हो सकती है और मूत्र में रुकावट आने के साथ-साथ कब्ज भी हो सकती है। वजन भी बढ़ सकता है। कुछ इसी प्रकार के इतर-प्रभाव दूसरी अवसादरोधक दवाओं के साथ भी देखे जा सकते हैं।

दवाएँ, भोजन और पोषण

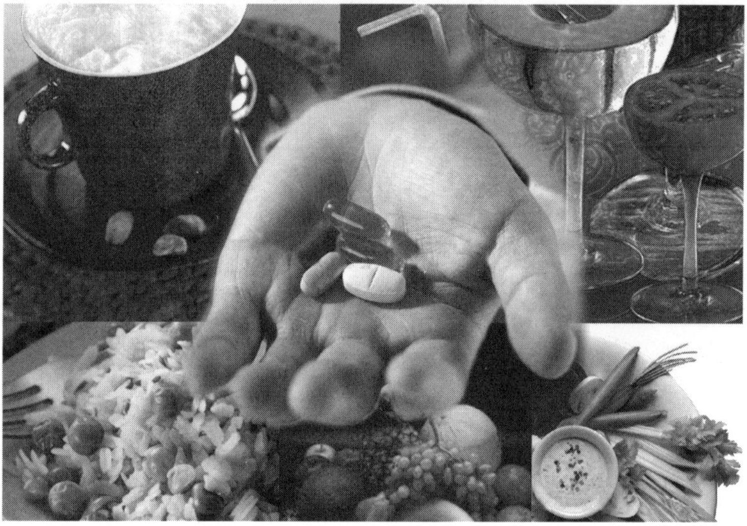

किसी से पूछ देखिए, प्राय: सभी यही कहेंगे कि भइया, आधुनिक दवाओं के साथ अनुपान का कोई चक्कर नहीं! सिर्फ दवा लीजिए, और मस्त हो जाइए। कुछ भी खा-पी लीजिए। यह सच है कि आयुर्विज्ञान में अनुपान का शास्त्र उतना गहरा और विशद नहीं है जितना कि आयुर्वेद में, किंतु कुछ दवाओं के साथ अगर हम यह ध्यान न रखें कि दवा के पहले और बाद में क्या खाएँ-पीएँ, तो दवा से लाभ होने के बजाय हानि भी हो सकती है। कुछ दवाएँ विशिष्ट भोज्य पदार्थों के संपर्क में आने से नष्ट हो जाती हैं, कुछ रासायनिक स्तर पर ऐसा ऊधम मचाती हैं कि कुछ समझते नहीं बनता। कुछ दवाओं का शरीर के पोषण पर भी सीधा प्रभाव पड़ता है। शरीर में किसी चीज की कमी न आए, यह स्वास्थ्य लक्ष्य पूरा करने के लिए संतुलित आहार पर ध्यान देना जरूरी हो जाता है।

देह रक्षा योग्य है, निज इष्ट साधन के लिए,
है असंभव कार्य सब तन की बिना रक्षा किए।

मैथिलीशरण गुप्त
रंग में भंग

क्या आप जानते हैं कि अधिकांश ऐंटिबायोटिक दवाएँ खाली पेट ही ली जानी चाहिए? टेट्रासायक्लीन और क्वीनोलोन ऐंटिबायोटिक लेते वक्त दूध, दही और पनीर नहीं लेना चाहिए? ब्लड प्रेशर कम करने वाली ऐस इन्हीबिटर दवाओं के साथ केला, मौसमी और तरबूज देख-भाल कर खाना जरूरी है? अवसादरोधक माओ इन्हीबिटर दवाओं के साथ चाकलेट, पनीर या मुर्गा खाने पर पाबंदी रखनी होती है? मेट्रानिडाजोल, क्लोरप्रोपामाइड, एस्प्रिन, इंडोमेथासीन, क्लोरफेनरामिन और दूसरी बहुत सी दवाओं के साथ मदिरा लेने से जीवन खतरे में पड़ सकता है?

आश्चर्य तो होता है यह जानकर लेकिन यह सच है कि बहुत सी दवाओं के साथ खान-पान पर विशेष ध्यान देने की जरूरत होती है। दवा के पेट में जज्ब होने, अपने लक्ष्य तक पहुँचने और स्वास्थ्य के लिए लाभप्रद साबित होने की क्रमबद्ध क्रिया में कई चीजें महत्वपूर्ण रोल अदा करती हैं। कुछ दवाएँ खाली पेट, कुछ भोजन के साथ और कुछ भोजन के बाद लेने पर ही ठीक से जज्ब हो पाती हैं। इस बारे में हम दूसरे अध्याय में पहले ही चर्चा कर चुके हैं। पर बात यहीं खत्म नहीं होती। जब तक दवा शरीर में है, तब तक क्या खाया-पिया जा रहा है, उसका भी दवा के फल पर असर पड़ता है। पेट में चाय-दूध, सूप, पनीर, मुर्गा, चाकलेट, कॉफी, कोला और दूसरी बहुत सी चीजों के पहुँचने पर कुछ दवाएँ ऐच्छिक फल नहीं दे पातीं। रासायनिक स्तर पर दवा और भोज्य पदार्थ के बीच ऐसा घमासान होता है कि समूचे शरीर में तहलका मच जाता है। दवा लेकर भी रोग से आराम नहीं मिलता, और कभी-कभी तो इस रासायनिक मुठभेड़ के गंभीर दुष्परिणाम भी झेलने पड़ जाते हैं। बहुत समय तक लगातार चलने वाली दवाओं के साथ यह ध्यान भी रखना पड़ता है कि कोई चीज दवा के असर को इतना तेज भी न कर दे कि लेने के देने पड़ जाएँ।

दवाएँ और आहार-संबंधी जरूरी परहेज

खाने-पीने की कुछ चीजें कुछ दवाओं के साथ नहीं ली जानी चाहिए। उसकी एक सूची यहाँ पाठकों की सुविधा के लिए प्रस्तुत है :

क्या आप यह दवा ले रहे हैं?	ऐसे में इन भोज्य पदार्थों से परहेज बरतें !	यह सावधानी क्यों?
अमीबा-रोधी दवा		
मेट्रानिडाजोल	मदिरा और मदिरायुक्त चीजों से पूरा परहेज बरतें। यह पाबंदी दवा बंद होने के अगले तीन दिन तक लागू रखें।	मेट्रानिडाजोल मदिरा से प्रतिक्रिया कर जाती है। उससे पेट में दर्द, उबकाई, भयंकर सिरदर्द और अचानक रक्तचाप घट सकता है।
ऐंटिबायोटिक दवाएँ		
टेट्रासायक्लीन डॉक्सीसायक्लीन मीनोसायक्लीन	● दूध, दही, पनीर, ● आइसक्रीम, मक्खन ● ऐंटएसिड ● लोह तत्त्व युक्त विटामिन-खनिज टॉनिक	आँतों में कैल्सियम, एल्यूमिनियम या लोह तत्त्व होने पर टेट्रासायक्लीन कीलेट हो जाता है और जज्ब नहीं हो पाता।
ऐरिथ्रोमायसिन या पेनिसिलीन-वी	● टमाटर ● संतरा और मौसमी ● फलों का रस ● सिरका और अचार ● कोला ड्रिंक्स, कॉफी	अमाशय में अम्ल की मात्रा बढ़ने पर ऐरिथ्रोमायसिन तथा पेनिसिलीन-वी नष्ट हो जाते हैं।
क्वीनोलोन वर्ग के ऐंटिबायोटिक सीप्रोफ्लोक्सासीन ओफ्लोक्सासीन लेवोफ्लोक्सासीन	● दूध, दही, पनीर, ● आइसक्रीम, मक्खन ● ऐंटएसिड ● लोह तत्त्व युक्त विटामिन-खनिज टॉनिक ● कॉफी, कोला ड्रिंक्स, चाय सीमित मात्रा में लें	दूध और दुग्ध पदार्थ, ऐंटएसिड, लोह तत्त्व शरीर में क्वीनोलोन ऐंटिबायोटिक दवाओं की उपयुक्त सांद्रता नहीं बनने देते।

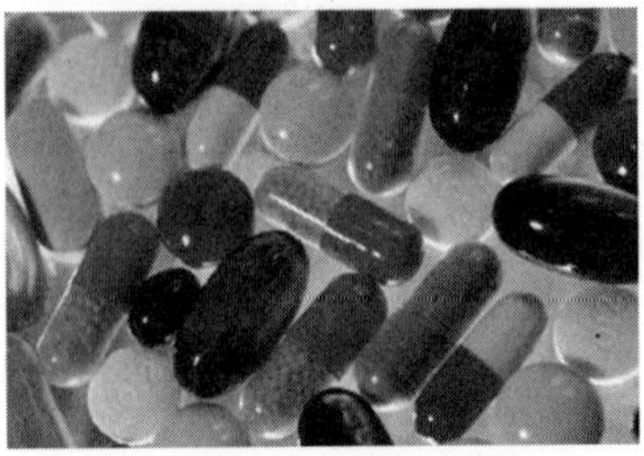

क्या आप यह दवा ले रहे हैं?	ऐसे में इन भोज्य पदार्थों से परहेज बरतें !	यह सावधानी क्यों?
फंगस-रोधी दवाएँ		
कीटाकोनाजोल	मदिरा और मदिरायुक्त सभी चीजों से पूरा परहेज बरतें। यह पाबंदी दवा बंद करने के तीन दिन बाद तक लागू रखें।	कीटाकोनाजोल मदिरा से प्रतिक्रिया कर जाती है। उससे पेटदर्द, उबकाई और भयंकर सिरदर्द होने के साथ-साथ रक्तचाप घट जाता है।
ग्रीस्योफलवीन फ्लूकोनाजोल कीटाकोनाजोल इट्राकोनाजोल	● दूध, दही, पनीर ● आइसक्रीम, मक्खन ● ऐंटएसिड	आँतों में कैल्सियम, मैग्निसियम या एल्यूमिनियम होने पर दवा ठीक से जज्ब नहीं हो पाती।
उच्च रक्तचाप रोधी दवाएँ		
उच्च रक्तचाप रोधी दवाएँ	मुलेठी	मुलेठी लेने से रक्तचाप बढ़ जाता है और उच्च रक्तचाप रोधी दवा लेने के बावजूद बढ़ सकता है।
ऐस इन्हीबिटर दवाएँ केप्टोप्रिल लिसीनोप्रिल क्वीनाप्रिल	गोश्त, केला, मौसमी, तरबूज, हरी पत्तेदार सब्जियाँ सीमित मात्रा में लें।	*ऐस इन्हीबिटर* दवाएँ शरीर में पोटेसियम की मात्रा बढ़ाती हैं। इन खाद्य पदार्थों में भी पोटेसियम बहुतायत में होता है। शरीर में पोटेसियम बढ़ने पर हृदय की लय में खतरनाक अनियमितता आ सकती है।
बीटा ब्लाकर दवा प्रोप्रेनोलोल	मदिरा	रक्तचाप अचानक गिर सकता है।
ऐंजाइना-रोधी दवाएँ		
आइसोसोरबाइड डाइनाइट्रेट; नाइट्रोग्लीसरीन	मदिरा	मदिरा लेने से धमनियों में और अधिक फैलाव आ जाता है जिससे रक्तचाप अचानक बहुत कम हो जाता है।

क्या आप यह दवा ले रहे हैं?	ऐसे में इन भोज्य पदार्थों से परहेज बरतें !	यह सावधानी क्यों?
मूत्र वृद्धिकारक दवाएँ		
फ्रूसेमाइड (लेसिक्स) ऐलडेक्टोन	मोनोसोडियम ग्लूटामेट युक्त चीजें जैसे चाइनिज फूड, डिब्बाबंद मीट और फ्रोजन सब्जियाँ	दोनों ही शरीर में सोडियम, पोटेसियम, विटामिन *बी* कॉम्पलैक्स और विटामिन *सी* की कमी पैदा कर सकते हैं।
ट्रायम्टरिन (डाइटाइट) स्पायरोलेक्टोन तथा एमिलोराइड	पोटेसियम युक्त खाद्य पदार्थ जैसे गोश्त, केला, मौसमी, तरबूज, हरी पत्तेदार सब्जियाँ सीमित मात्रा में लें।	ट्रायम्टरिन (डाइटाइट) पोटेसियम को मूत्र में जाने से रोकता है। अतः पोटेसियम पर रोक-टोक जरूरी हो जाती है। शरीर में पोटेसियम बढ़ने पर हृदय की लय में खतरनाक अनियमितता आ सकती है।
कोलेस्टेरॉल घटानेवाली स्टेटिन दवाएँ		
एटोरवास्टेटिन लोवास्टेटिन सीमवास्टेटिन	मदिरा	यकृत पर दुष्प्रभाव पड़ सकता है।

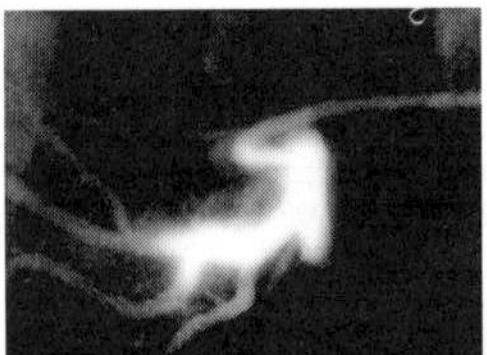

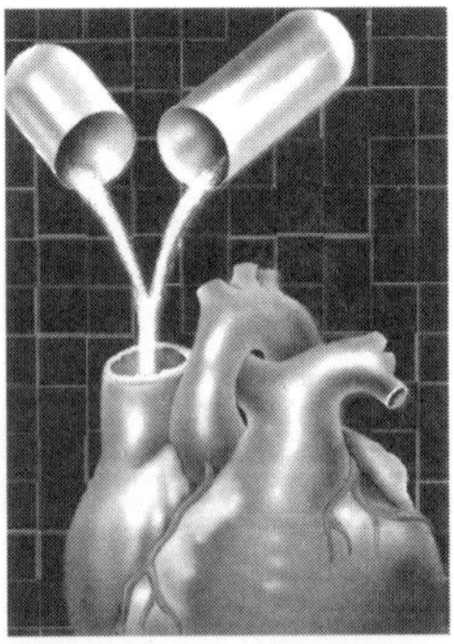

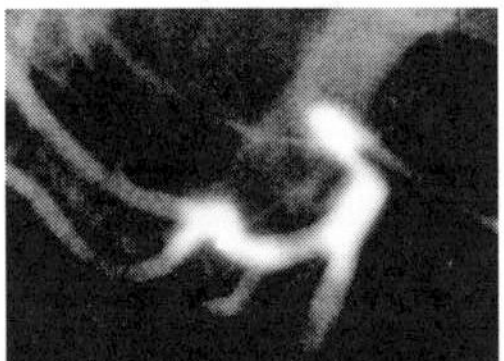

खून पतला करनेवाली ऐंटिकोएगुलेंट दवा		
कूमेडिन डाइकूमेरॉल वारफेरिन	भोजन जिनमें विटामिन *के* अधिक मात्रा में होता है : हरी पत्तेदार सब्जियाँ जैसे पालक और पत्तागोभी; आलू और आड़ू।	विटामिन *के* युक्त भोजन दवा का असर कमजोर कर देते हैं।

क्या आप यह दवा ले रहे हैं?	ऐसे में इन भोज्य पदार्थों से परहेज बरतें !	यह सावधानी क्यों?
खून पतला करनेवाली ऐंटिकोएगुलेंट दवाएँ		
कूमेडिन डाइकूमेरॉल वारफेरिन	विटामिन ई युक्त विटामिन कैप्सूल	प्रतिदिन 400 यूनिट से अधिक विटामिन ई लेने से खून जमने में अधिक समय लग सकता है।
पार्किनसन रोग में ली जानेवाली दवा		
लेवेडोपा	विटामिन *बी*$_6$ युक्त भोजन : गोश्त, अंकुरित दालें, खमीर वाली चीजें	विटामिन *बी*$_6$ युक्त भोजन लेवेडोपा का असर कमजोर कर देते हैं।
गलग्रंथि हार्मोन की कमी में ली जानेवाली दवा		
थायरॉक्सीन	सोयाबिन, फूलगोभी, सरसों का साग, शलजम, केला	यह सभी भोज्य पदार्थ गलग्रंथि के हार्मोन बनाने में बाधा डालते हैं और घेंघा उत्पन्न कर सकते हैं।
मनोरोगों में ली जानेवाली दवाएँ		
दुश्चिंतारोधी दवाएँ लोरेजेपाम डाएजिपाम अल्प्रेजोलाम	मदिरा	मानसिक और प्रेरक गतिविधियों जैसे गाड़ी या कोई मशीन चलाने में भूल होने की आशंका बढ़ जाती है।
	कॉफी	अधिक कैफीन लेने से दवा का असर कमजोर हो जाता है और व्यग्रता बढ़ जाती है।
मोनोअमीनो ऑक्सीडेस इन्हीबिटर अवासदरोधक दवाएँ फेनेलजीन ट्रेनाइलसाइप्रोमिन	● मदिरा ● मुर्गा, सासेज, सलामी ● पनीर ● दही ● केले ● खमीर ● सोया सोस	*मोनोअमीनो ऑक्सीडेसइन्हीबिटर* दवाएँ भोजन में उपस्थित टायरामिन से प्रतिक्रिया कर जाती हैं। अचानक ही रक्तचाप बढ़ जाता है जिससे जोरों का सिरदर्द, मस्तिष्क में धमनी फटने से फालिज और मृत्यु तक हो सकती है।

क्या आप यह दवा ले रहे हैं?	ऐसे में इन भोज्य पदार्थों से परहेज बरतें !	यह सावधानी क्यों?
एलर्जी में ली जानेवाली दवाएँ		
ऐंटिहिस्टामिन दवाएँ क्लोरफेनरामिन डाइफेनहाइड्रामिन सेट्रीजिन लोरेटीडिन फेक्सोफेनाडिन	मदिरा	मानसिक और प्रेरक गतिविधियों जैसे गाड़ी या कोई मशीन चलाने में भूल होने की आशंका बढ़ जाती है।
दर्द और बुखार में ली जानेवाली दवा		
पेरासिटामोल	मदिरा	रोजाना मदिरा पीनेवालों में यकृत पर बुरा असर पड़ सकता है।

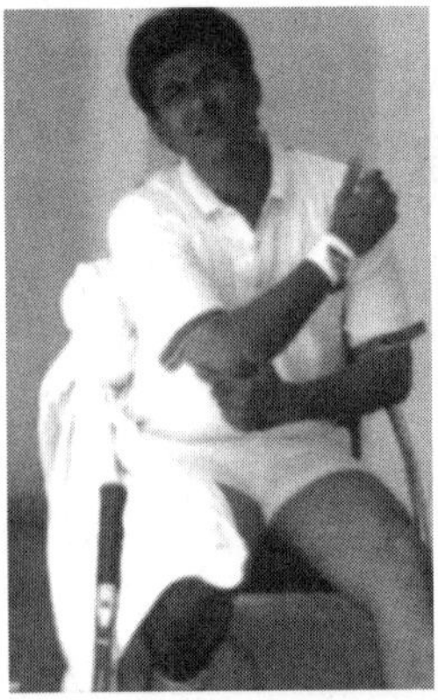
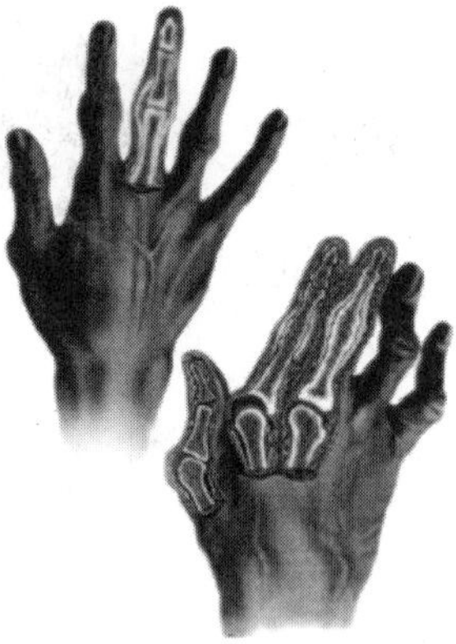

क्या आप यह दवा ले रहे हैं?	ऐसे में इन भोज्य पदार्थों से परहेज बरतें !	यह सावधानी क्यों?
दर्द, सूजन और बुखार में ली जानेवाली दवाएँ		
एस्प्रिन इब्यूप्रोफेन नेप्रोक्सेन कीटोप्रोफेन डायक्लोफेनेक	मदिरा	अमाशय से रक्तस्राव होने का खतरा बढ़ जाता है।

क्या आप यह दवा ले रहे हैं?	ऐसे में इन भोज्य पदार्थों से परहेज बरतें !	यह सावधानी क्यों?
कार्टिकोस्टीरायड दवाएँ (सूजन, जोड़ों के दर्द, दमा और एलर्जी में प्रयुक्त)		
प्रेडनीसोलोन बीटामेथासोन डैक्सामेथासोन	मदिरा	आमाशय से रक्तस्राव हो सकता है।
दमा में ली जानेवाली श्वसनीविस्फारक दवाएँ		
थिओफायलीन	अतिरिक्त कार्बोहाइड्रेट-युक्त भोजन	दवा के जज्ब होने में व्यवधान डालता है।
	अतिरिक्त वसा-युक्त भोजन	दवा के जज्ब होने में मदद करता है जिससे रक्त में थिओफायलीन बढ़ जाती है।
	मदिरा	दवा के साथ मदिरा लेने से सिरदर्द, उबकाई और मानसिक उद्विग्नता पैदा हो सकती हैं।
डायबिटीज-रोधी दवाएँ		
क्लोरप्रोपामाइड मेटफॉर्मिन और दूसरी डायबिटीज-रोधी दवाएँ	मदिरा	क्लोरप्रोपामाइड, मेटफॉर्मिन और दूसरी डायबिटीज-रोधी दवाएँ मदिरा के साथ प्रतिक्रिया कर जाती हैं जिसका शरीर पर बुरा असर पड़ता है। मदिरा दवा के असर के साथ भी हस्तक्षेप करती है।
थिओफायलीन एलब्यूटरोल ऐपीनेफरिन	कॉफी, कोला ड्रिंक्स, चाय	दमारोधी दवाएँ और कैफीनयुक्त पेय दोनों मिलकर मानसिक उत्तेजना उत्पन्न करते हैं।

दवाएँ और पोषण

कुछ दवाएँ उलट खेल भी खेलती हैं। लंबे समय तक उन्हें लेने से शरीर में किसी एक या अधिक पोषक तत्त्व की कमी हो जाती है। यह स्थिति कई प्रकार से उत्पन्न हो सकती है : कुछ पोषक तत्त्व शरीर से व्यर्थ चले जाते हैं, कुछ भोजन से अवशोषित नहीं हो पाते और कुछ शरीर में पहुँचने के बाद भी उस रासायनिक प्रक्रिया से नहीं गुजर पाते

कि शरीर के काम आ सकें। यह स्थिति अचानक उत्पन्न नहीं होती, बल्कि धीरे-धीरे बढ़कर कई महीनों बाद प्रकट होती है। उसका व्यक्ति की सेहत, उम्र और आहार से भी गहरा संबंध होता है। बच्चों और बूढ़ों में किसी पोषक तत्त्व की कमी का जल्द पता चल जाता है, जबकि किसी बलिष्ठ वयस्क में कमी के लक्षण दिखने में समय लगता है।

दवाओं से उत्पन्न होता कुपोषण

दवा	पोषण पर कुप्रभाव	समाधान
आई.एन.एच. (तपेदिक-रोधी दवा)	विटामिन *बी*$_6$ की कमी	साबूत अन्न, अंकुरित दालें, सब्जियाँ और गोश्त समुचित मात्रा में लें। पिरीडॉक्सिन की गोलियाँ भी यह कमी पूरी कर देती हैं। तपेदिक-रोधी दवाओं के साथ यह विटामिन प्रायः ही दिया जाता है।
फिनोबार्बीटोन (मिर्गी-रोधक दवा)	फोलिक एसिड की कमी	अन्न, दालें और हरी पत्तेदार सब्जियाँ समुचित मात्रा में लें।
	विटामिन *डी* की कमी	दूध, मक्खन, घी और अंडों से; प्राकृत रूप से धूप के असर से त्वचा में संश्लेषण।
कोल्चीसीन (गाउट-रोधक दवा) नीयोमायसीन (ऐंटिबायोटिक दवा) डायबिटीज-रोधी दवाएँ	विटामिन *बी*$_{12}$ की कमी	दूध, मक्खन, घी, अंडे और गोश्त इसकी पूर्ति कर सकते हैं।
फ्रूसेमाइड (मूत्रवृद्धिकारक दवा)	पोटेसियम की कमी	संतरा, मौसमी, तरबूज, केले, खुबानी, आलू, हरी पत्तेदार सब्जियाँ, दूध और गोश्त पोटेसियम की भरपाई करने में समर्थ हैं।
गर्भ-निरोधक गोलियाँ	फोलिक एसिड की कमी विटामिन *बी*$_6$ की कमी	हरी पत्तेदार सब्जियाँ प्रचुर मात्रा में लें।
ऐंटएसिड	फॉस्फेट की कमी विटामिन *डी* की कमी	अनावश्यक ही ऐंटएसिड न लें।

छोटी-छोटी सावधानियाँ

दवा लेते समय कुछ छोटी-छोटी सावधानियाँ बरतकर हम भोजन और दवाओं के बीच होनेवाली अहितकर प्रतिक्रियाओं से अपना बचाव कर सकते हैं और दवा का समुचित लाभ प्राप्त कर सकते हैं। ये सावधानियाँ इस प्रकार हैं :

- इलाज शुरू करने से पहले यह जानकारी ठीक से प्राप्त कर लें कि दवा भोजन से पहले, साथ में या भोजन के बाद कब लेनी उचित है। दवा की डिब्बी में रखा कागज इस संबंध में स्पष्ट जानकारी प्रस्तुत करता है। जिन दवाओं के साथ यह कागज मिले, उसे ध्यानपूर्वक अवश्य पढ़ें। मन में कोई शंका हो तो डॉक्टर से पूछ लें।
- दवा लेने की सबसे सुरक्षित विधि उसे एक गिलास सादे पानी के साथ लेना है। चाय-कॉफी, दूध, सूप, या जूस के साथ दवा लेना गलत है। किसी दवा का जायका खराब हो तो उसके साथ एक चम्मच चीनी, शक्कर या अपने मनपसंद जैम ले लें।
- जब भी कोई दवा लें तो नियम बना लें कि डॉक्टर की अनुमति के बिना मदिरा नहीं लेंगे।

सदा स्वस्थ संतुलित आहार लें। जीवन में यह अनुशासन ले आने से दवा कुपोषण उत्पन्न नहीं कर सकेगी। डॉक्टर दवा के साथ कोई खास विटामिन या पोषक तत्त्व लेने की सलाह दें, तो इस सलाह पर अमल करें।

दवाएँ और हमारी धारणाएँ

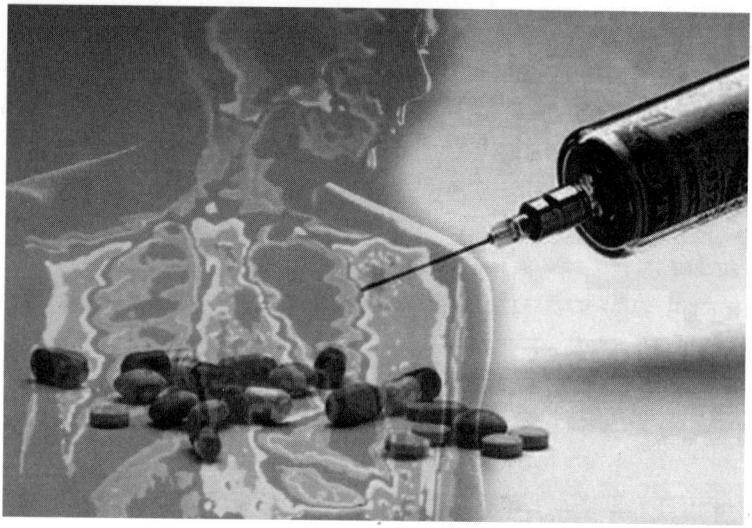

समाज का अर्थशास्त्र, संस्कार, जीवन-पद्धति, फलसफा, रहन-सहन सभी मिल-जुलकर उसके नीति-नियमों का निर्धारण करते हैं। फिर चाहे बात दवाओं की हो या जिंदगी के किसी और पक्ष की! जीवन के किसी भी पहलू के बारे में हमारी धारणाएँ हमारे अनुभवों के धागे में पिरोयी हुई आपबीतियाँ हैं जिनके संबंध में हम मन ही मन अपने से कभी सही कभी गलत नतीजा निकाल लेते हैं। सच है कि कभी कठिन क्षणों में टीके से दी गई दवा रामबाण बन जाती है लेकिन इसके यह मायने निकाल लेना कि किसी भी रोग में गोलियों और घोल के बजाय टीका लेना अधिक सार्थक है, गलत निष्कर्ष है। टीका तो मात्र दवा का एक वाहन है, इससे अधिक कुछ नहीं। प्रस्तुत है कुछ आम धारणाओं के भीतर छुपा सत्य!

दुनिया में सबसे बड़ा दर्दनिवारक, निद्रापक, मनोत्तेजक, प्रशांतक, स्वापक और यहाँ तक कि एक सीमा तक ऐंटिबायोटिक भी–गोया कि सबसे सच्चा रामबाण या कहें कि हर मर्ज की दवा–कार्य है।

थॉमस सास
द सैकेंड सिन

टीके का जादू

यह सोच बहुत आम है कि किसी भी दवा का टीका गोली के मुकाबले अधिक प्रभावकारी होता है। लेकिन सच यह है कि इस बात में जरा भी दम नहीं। टीका मात्र एक वाहन है, उससे अधिक कुछ नहीं। उसकी मदद से दवा सिर्फ शरीर में पहुँचाई जाती है। यही कार्य मुख से यदि गोली-कैप्सूल लेकर पूरा हो सके, तो इससे बेहतर क्या होगा भला! दवा उस सूरत में भी उतना ही काम करेगी। उलटा मुख से दवा लेने के कई लाभ हैं। न तो सूई लगने का दर्द है, न यह खतरा कि सुई और सिरिंज में कोई संक्रमणकारी सूक्ष्म जीव छुपा बैठा हो। सूई कहीं किसी गलत जगह में चली गई तो उसकी अलग दिक्कत। तंत्रिका में जाने पर या तो दिनोंदिन दर्द होता रहेगा या वह भाग सुन्न ही पड़ा रहेगा। कोई दवा शरीर पर ठीक न बैठे तब गंभीर प्रतिक्रिया होने का डर भी टीके के साथ प्रबल होता है। विटामिन के टीके यमदूत बन जाते हैं ! किंतु कुछ विशिष्ट स्थितियों में टीके जरूरी हो जाते हैं। कई दवाएँ मुँह से इसलिए नहीं ली जा सकतीं चूँकि पेट में पहुँचते ही ये नष्ट हो जाती हैं। जैसे इंसुलिन! उलटियाँ हो रही हों, गले या खाने की नली में रुकावट हो, बेहोशी हो, इतना समय न हो कि शरीर आँतों से दवा को जज्ब करे और उसके बाद उसके असर की इंतजार कर सके, तब भी बात दूसरी है। ऐसी स्थितियों में टीका दवा को तुरंत शरीर में पहुँचाने का सक्षम साधन सिद्ध होता है। पर सामान्य स्थिति में गोलियाँ, कैप्सूल, इन्हेलर, स्प्रे, मरहम टीके से बेहतर और जोखिमरहित उपाय हैं।

गरम दवाएँ, तन जलाएँ

बहुत से लोगों की यह सोच है कि आधुनिक दवाएँ गरम होती हैं। इतनी कि उन्हें लेते ही मूत्र का रंग ही गाढ़ा हो जाता है। यह सच है कि कुछ दवाएँ मुँह और गले को खुश्क कर देती हैं, कुछ गरमाहट पैदा करती हैं, और कुछ मूत्र का रंग भी बदल देती हैं। लेकिन इन परिवर्तनों के पीछे दवा की गरमी नहीं, कोई न कोई ठोस जैविक कारण होता है।

ट्राइसायक्लिक अवसादरोधी दवाएँ अपने कोलीनधर्मरोधी (ऐंटिकोलिनर्जिक) प्रभाव

से अवसाद को दूर करती हैं, लेकिन इसी तंत्रिकीय प्रभाव के कारण मुँह और गला खुश्क हो जाता है। इसी प्रकार नाइट्रेट दवाएँ धमनियों के व्यास को फैला देती हैं, जिसके कारण गरमाहट अनुभव होती है। अनेक दवाएँ गुर्दों से छनकर मूत्र में खारिज होती हैं, उसके कारण उन्हें लेने पर मूत्र का रंग गहरा हो जाता है। कुछ दवाएँ मूत्र को भूरा या लाल भी बना देती हैं। मूत्रीय तंत्र के संक्रमण में दी जानेवाली नाइट्रोफ्यूरेनटीयन मूत्र को भूरा और तपेदिक-रोधी रिफेम्पीसिन मूत्र को लाल-गुलाबी बना देती है। विटामिन *बी* काम्पलेक्स लेने पर मूत्र पीला हो जाता है।

जितनी कम, उतनी भली

यह धारणा भी बहुप्रचलित है कि दवा जितनी कम ली जाए, उतना ही अच्छा है। सच है कि जब तक अनिवार्य न हो कोई भी दवा नहीं ली जानी चाहिए, किंतु इसके यह मायने कत्तई नहीं लगाएँ कि डॉक्टर जितनी दवा लेने की सलाह दे, उससे आधी खुराक लेकर ही संतोष कर लें।

किसी भी दवा की डोज कई चीजों को ध्यान में रखकर सुनिश्चित की जाती है। यथा, यह दवा शरीर में कितने घंटों तक प्रभावी रहेगी? प्रभावी होने के लिए दवा किस मात्रा में जरूरी होगी? दवा का पूरा असर कितने दिनों में प्रकट हो सकेगा? रोग दूर होने में कितने दिन लगेंगे? आदि। इसके बाद मात्र इस संदेह में कि डॉक्टर हमेशा अधिक दवा ही लिखते हैं, दवा कम मात्रा में लेकर हम अपनी ही क्षति करते हैं। जब आराम नहीं आता और हम डॉक्टर से सच भी छुपा जाते हैं तो वह भी कभी-कभी गुमराह हो जाता है कि कहीं रोग निदान में ही तो कोई गलती नहीं हो गई। रोग के लक्षण दूर होते ही दवा बंद कर देने से भी स्थिति बिगड़ते देर नहीं लगती। उचित यही होता है कि कोई दवा डॉक्टर के निर्देश से पूर्व बंद करनी हो तो पहले डॉक्टर से सलाह ले लें, तभी दवा बंद करें।

गुलामी दवाओं की

क्या कोई दवा लंबे समय तक लगातार लेने से हम उसके गुलाम बन जाते हैं? यदि आप यह सोचते हैं तो पूरी तरह गलत नहीं हैं। नींद लानेवाली दवाएँ जैसे डायजीपाम और एल्प्रेजोलाम, पेट साफ करने वाले चूरन, दस्तावर दवाएँ थोड़े ही समय में हमें अपने प्रति इतना निर्भर बना देती हैं कि फिर उनके बिना हमारा काम नहीं चल पाता। जिस शाम सोने से पहले ट्रैंक्यूलाइजर न लें रात तारे गिनते बीतती है, चूरन न लें तो कब्ज हो जाती है, और जीवन कुछ अधूरा-अधूरा सा लगता है। दवा के प्रति यह आसक्ति या तो शारीरिक या मानसिक या दोनों स्तर पर हो सकती है। सच है इस आसक्ति से बचे रहने में ही सुख है।

किंतु कुछ स्थितियों में यह सोच खरी नहीं उतरती। किसी भी दीर्घकालिक रोग–

जैसे ब्लड प्रेशर, डायबिटीज, पुराना दमा, हार्ट फेलियर—में दवा बीच में छोड़ देना बिल्कुल गलत है। सच तो यह है कि जहाँ उचित दवाएँ लेकर हम रोग होने पर भी सामान्य स्वस्थ जीवन जी सकते हैं, वहीं दवा छोड़ दें तो अक्सर ही रोग हम पर हावी हो जाता है। उसकी गंभीरता समय के साथ बढ़ती जाती है और उसके दुष्परिणाम हमारे सुख में बाधक बन जाते हैं।

कुछ दवाओं के साथ उन्हें लगातार लेने से यह लाभ भी होता है कि शरीर उनके इतर-प्रभावों के प्रति धीरे-धीरे आसक्त हो जाता है और हम दवा से होनेवाली असुविधाओं से मुक्त हो जाते हैं। जैसे डिप्रेशन में ऐंटिडिप्रेसेंट दवा शुरू करने पर शुरू-शुरू में मुँह सूखता है, दिल की धड़कन बढ़ जाती है, नजर धुँधली-धुँधली लगती है पर जैसे-जैसे शरीर दवा के प्रति आसक्त होता जाता है ये इतर-प्रभाव अपने से मिटते जाते हैं।

संजीवनी अवतार ग्लूकोज़

कमजोरी हो या खून की कमी, यह सोच आम है कि ग्लूकोज़ की बोतल चढ़ते ही शरीर में शक्ति आ जाती है। यह मात्र एक भ्रम है। ग्लूकोज़ की बोतल में कुछ और नहीं, कोरे पानी में पाँच-दस प्रतिशत डैक्सट्रोस का घोल मिला रहता है। इसके लिए घंटों बोतल से टँगे रहना और बटुआ खाली करना कहाँ की समझदारी है भला! इतने ही ग्लूकोज़-प्रिय हैं तो फल या शाक-सब्जी लें। उनमें मिलनेवाली शुगर भी शरीर में जज्ब होने से पहले ग्लूकोज़ में ही तब्दील होती है। बोतल में बंद ग्लूकोज़ उसी स्थिति में उपयोगी है जब शरीर में किसी कारण जल की कमी हो जाए, या व्यक्ति होश में न हो। बार-बार टीके लगाए जाने हों तब भी नस में ग्लूकोज़ की बोतल लगाकर छोड़े रखना उपयोगी होता है ताकि बार-बार नस न बेधनी पड़े।

विज्ञापित दवाएँ : कितनी विश्वसनीय, कितनी सुरक्षित

पत्र-पत्रिकाओं, रेडियो-टेलीविजन और इंटरनेट पर अनेक दवाएँ विज्ञापित की जाती हैं। उनमें तरह-तरह के प्रलोभन दिए जाते हैं। लंबाई बढ़ाने की दवा, बालों को काला, घना और सुंदर बनाने के फार्मूले, काया के अंग-अंग को मनवांछित रूप में ढालने वाली औषधियाँ, मोटापा दूर करनेवाली दवाएँ, चिरयुवा रखनेवाले टॉनिक, और न जाने क्या कुछ! लेकिन इनमें से लगभग सभी दवाएँ न सिर्फ छल होती हैं, बल्कि कुछ में तो हानिकारक रसायन भी होते हैं जिनके प्रति शारीरिक आसक्ति तक उत्पन्न हो सकती है। यह कारोबार बहुत पुराना है और न सिर्फ भारत में बल्कि दुनिया के सभी देशों में फैला है।

आयुर्वेदिक दवाएँ और जड़ी-बूटियाँ

आयुर्वेद का ज्ञान बहुत पुराना है। उसमें बहुत कुछ ऐसा है जिससे कि हम जीवन की सीख प्राप्त कर सकते हैं। लेकिन यह सोच सरासर निराधार है कि आयुर्वेद और दूसरी पुरानी चिकित्सा पद्धतियों में दी जानेवाली दवाएँ बिल्कुल सुरक्षित हैं, उन्हें लेने से शरीर पर कोई प्रतिकूल प्रभाव नहीं पड़ता। सच तो यह है कि कोई भी औषध इस आरोप से बरी नहीं हो सकती, फिर वह जल ही क्यों न हो। अलग-अलग स्थितियों में अलग-अलग रसायन, धातु, दवाएँ हानिकारक भी साबित हो सकते हैं, और इस पक्ष को झुठलाना सच पर पर्दा डालने जैसा है।

जड़ी-बूटियों के बारे में यह तर्क कि उनकी रचना प्रकृति के हाथों हुई है इसलिए हानिकारक नहीं हो सकतीं, कुछ-कुछ यह कहने के समान है कि भांग, गांजा, चरस, तंबाकू, कोकेन भी शरीर के लिए अस्वस्थकर नहीं हैं!